Die Frau in der Literatur

Abb. 1: Clara Rilke-Westhoff, Westerwede, Frühjahr 1902

Marina Sauer

Clara Rilke-Westhoff

Die Bildhauerin
1878–1954

Biographie

Ullstein Taschenbuch

Die Frau in der Literatur

Ullstein Buch Nr. 30232
im Verlag Ullstein GmbH,
Frankfurt/M – Berlin

Originalausgabe
auf der Grundlage der 1986 im Verlag
H. M. Hauschild, Bremen, erschienenen Dissertation

Umschlagentwurf: Theodor Bayer-Eynck
unter Verwendung des Gemäldes von
Paula Modersohn-Becker: ›Bildnis Clara Rilke-Westhoff‹,
Öl auf Leinwand, 1905
Photo: Elke Walford
Mit freundlicher Genehmigung der Hamburger Kunsthalle
Urheberrechte der Briefe und Texte Clara Rilke-Westhoffs:
Rilke-Archiv Gernsbach
Mit freundlicher Genehmigung der Rilkeschen Erben
Alle Rechte vorbehalten

© dieser Ausgabe 1990
by Verlag Ullstein GmbH,
Frankfurt/M – Berlin

Printed in Germany 1990
Gesamtherstellung:
Ebner Ulm
ISBN 3 548 3C232 7

September 1990

CIP-Titelaufnahme der Deutschen Bibliothek

Sauer, Marina:
Clara Rilke-Westhoff: die Bildhauerin; 1878–1954;
Biographie / Marina Sauer. – Orig.-Ausg. – Frankfurt/M;
Berlin: Ullstein, 1990
(Ullstein-Buch; Nr. 30232: Die Frau in der Literatur)
ISBN 3-548-30232-7
NE: GT

>*Eine Künstlerin muß (. . .) frei sein,
sonst kann sie sich nicht entwickeln.*<
(Clara Westhoff an die Eltern,
16. 6. 1897)

Inhalt

Zu diesem Buch

Es ist mir ein besonderes Anliegen, all jenen zu danken, die mir behilflich waren, das umfangreiche Material zusammenzutragen und zu bearbeiten. Dieser herzliche Dank gilt an erster Stelle meinem Doktorvater, Herrn Prof. Dr. Peter Anselm Riedl, Heidelberg, sowie Herrn Ulf-Udo Hohl, Plankstadt, der mir mit seiner stets solidarischen Gesprächsbereitschaft, seinen wertvollen Anregungen und Ermutigungen beistand. Frau Hella Sieber-Rilke, Gernsbach, ohne deren großzügiges Bemühen die Entstehung der Arbeit kaum möglich gewesen wäre, stellte mir den künstlerischen Nachlaß Clara Rilke-Westhoffs sowie zahlreiche unpublizierte Quellen zur Verfügung.

Das vorliegende Taschenbuch basiert auf meiner 1985 abgeschlossenen Dissertation, die ein Jahr später mit einigen Ergänzungen und Erweiterungen im Bremer Hauschild-Verlag erschien. Es beschränkt sich bewußt auf den biographischen Teil, ohne jedoch auf die Einbeziehung der wichtigsten Werke Clara Rilke-Westhoffs zu verzichten. Die Biographie untersucht, unter welch problematischen Bedingungen sich Claras künstlerische Entwicklung vollzog. Insbesondere die Schwierigkeiten, die sie als Frau und Künstlerin zu bewältigen hatte, nehmen hierbei einen breiten Raum ein, denn ihr künstlerischer Werdegang sowie die zahlreichen gesellschaftlichen Diskriminierungen sind repräsentativ für das Schicksal vieler Künstlerinnen des 19. und 20. Jahrhunderts.

Die unveröffentlichten handschriftlichen Quellen der Bildhauerin erwiesen sich leider größtenteils als unzugänglich, da nur ein geringer Teil des Nachlasses zur Einsicht freigegeben wurde. Die Verwalter des Rilke-Archivs in Gernsbach gestatteten jedoch die Durchsicht der Briefe der Künstlerin an die Eltern aus der frühen Ausbildungszeit sowie die Korrespondenzen mit Paula Modersohn-Becker. Für die nachfolgende Zeit mußte ich mich notgedrungen auf Rilkes Tagebücher bzw. Briefschaften sowie auf Lebenserinnerungen aus dem Freundes- und Bekanntenkreis beschränken. So kommt Clara Rilke-Westhoff leider häufig nicht selbst zu Wort, sondern durch Mitteilung anderer. In dieser Situation erwiesen sich Claras bisher unveröffentlichte Briefe von 1906 bis 1952 an das Berliner Verlegerehepaar Samuel und Hedwig Fischer als weitere aufschlußreiche Quelle.

Das Œuvre der Künstlerin befindet sich mit wenigen Ausnahmen in Privatbesitz und ist somit der Öffentlichkeit nicht zugänglich. Hinzu kommt, daß sie sich nur an wenigen Ausstellungen beteiligte. Diese Umstände begünstigten eine Flut von klischeehaften Zeitungsartikeln, die sie vor allem als aufopfernde Gattin Rainer Maria Rilkes, als treusorgende Mutter und typische Vertreterin des Bremer Bürgertums darstellen. Die oftmals trivialen Titel, wie »Die Frau des Dichters«, »Ein dienendes Leben«, »Rilkes Modder« oder »Ein Haus für den heimatlosen Rilke«, verdeutlichen, wem das eigentliche Interesse der Verfasser gilt. Das mit nostalgischen Sentimentalitäten ausgeschmückte konservative Frauenbild geht an dem Spannungsverhältnis zwischen privaten Lebensumständen und künstlerischem Schaffen Clara Rilke-Westhoffs völlig vorbei.

Leben und Werk

Clara Henriette Sophie Westhoff wurde am 21. November 1878 in Bremen geboren. Sie war die einzige Tochter und das zweite von drei Kindern des Bremer Kaufmanns Friedrich Westhoff aus seiner zweiten Ehe mit der aus dem Vogtland stammenden Johanna Hartung. Clara wuchs zunächst in Bremen und dem nahegelegenen ländlichen Oberneuland auf, wo sich das Sommerquartier der Familie befand.

Lehrjahre in München 1895-1898

> *›Oh, München! Diese göttliche Freiheit!‹*
> (An die Mutter, 17. 11. 1895)

Friedrich Westhoff, selbst künstlerisch begabt, gab dem Wunsch seiner Tochter nach, Malerin zu werden, und gestattete der erst Siebzehnjährigen, Anfang Oktober 1895 in die private Münchener Malschule Fehr/Schmid-Reutte in der Theresienstraße 71a einzutreten.

Da Frauen zu dieser Zeit das Studium an staatlichen Akademien noch verwehrt wurde, war Clara Westhoff gezwungen, ihre künstlerische Ausbildung an einer Privatschule zu beginnen. Es gibt keine konkreten Anhaltspunkte, warum sie in München und nicht in ihrer Heimatstadt Bremen eine Privatschule besuchte. Ihr Entschluß, nach München zu gehen, lag jedoch nahe, da sich diese Stadt insbesondere unter Prinzregent Luitpold zum kulturellen Mittelpunkt, zur Kunstmetropole Deutschlands entwickelte.

Welche Beweggründe Clara veranlaßten, unter den zahlreichen Münchener Schulen ausgerechnet die Malschule Fehr/Schmid-Reutte zu wählen, ist nicht bekannt. Ihre Entscheidung wurde sicherlich durch die Popularität dieser Schule beeinflußt; sie zählte zweifellos zu den bekanntesten Malschulen Münchens.

Trotz des hohen Ansehens, das die Malschule bei der interessierten Öffentlichkeit fand, hatten solche Privatschulen auch ihre Nachteile. So schrieb der Maler Karl Krummacher, der 1891 in die Malschule Fehr/Schmid-Reutte eintrat, über die Vor- und Nachteile dieser Institution:

Solche Privatunternehmen hatten allerdings ihre zwei Seiten. Mit der Befähigung und Vorbildung nimmt man's meistens nicht so genau. Jeder kann ein- und austreten, wann's ihm beliebt. Infolge dieser Freizügigkeit sind die Durchschnittsleistungen etwas geringer als die auf einer staatlichen Akademie und die Unterrichtskosten erheblich höher.

Bei allem finanziellen Interesse ging die Fehr/Schmid-Reutte-Schule in ihrer künstlerischen Konzeption über das allgemeine Niveau der meisten Privatschulen hinaus und vermittelte zudem einen relativ fundierten Unterricht. Der Leiter der Schule, Friedrich Fehr, der fast alle bedeutenden Ausstellungen beschickte, schloß sich in München der neugegründeten Secession an und war als ein vielseitiger Maler von Porträts, Landschaften, Interieurs und Genrebildern bekannt. Krummacher über Fehrs Fähigkeiten als Lehrer:

So hatte er sicher das Zeug, den Schülern etwas von seiner Farbenanschauung und soliden Technik mitzugeben, indem er ihnen, wie es gerade kam, auch mal an einer Stelle der Studien hineinmalte, um ihnen den richtigen Weg zu zeigen, das heißt einen von vielen gangbaren Wegen. (. . .) Die Hauptsache bei jedem Kunstunterricht besteht doch im Lustmachen, und das verstand Fehr ausgezeichnet.

Auch Clara Westhoffs begeisterte Schilderung der Unterrichtsmethodik Friedrich Fehrs, dessen Zeichenklasse sie zwei Jahre lang besuchte, bezeugt, daß er ein ausgezeichneter Pädagoge war. Ihre erste Korrektur beschrieb sie ihren Eltern am 4. 10. 1895 enthusiastisch:

Er kam zu mir, sprach mit mir einen Moment, schob meine Staffelei etwas anders, wischte meinen Anfang wieder weg und zeigte mir, wie man's machen muß. (. . .) Nachdem er's mir ungefähr hingezeichnet hat, wischte er es mir wieder weg, das hätte Junghans nicht getan.

Und einen Tag später:

Es war heute Herr Fehr zur Korrektur da. Er stellt sich eine Weile zu jeder Dame hin, gibt Lehren, tadelt usw. Loben tut er nie! Ich habe in dieser einen kurzen Stunde, in dem Augenblick, wo er bei mir stand, mehr gelernt als in den drei Vierteljahren bei Junghans überhaupt.

Fehr erschien, wie es auch an anderen Privatschulen üblich war, nur zweimal in der Woche zur Korrektur, die dann aber intensiv und lehrreich verlief und von Clara als streng und aufrichtig bezeichnet wurde. Durch diese harte Schulung hatte sie das Gefühl, gefördert zu werden und weiterzukommen:

Ich bin sehr froh, in dieser Fehr-Schule zu sein. (. . .) Je mehr ich studiere, je mehr ich lerne, je mehr ich sehe, desto mehr angefeuert werde ich, ich bin jetzt schon ganz anders als am Anfang, als überhaupt früher.

Die Identifikation mit ihrem Lehrer und dem von ihm erzielten hohen Unterrichtsniveau führte sie zu einer zeitweilig überschwenglichen Selbsteinschätzung:

Die Fehr-Zeichenklasse ist eigentlich die Elite der Schule, die feinsten sind alle bei uns.

Trotz aller Euphorie durchschaute sie jedoch den Dilettantismus, der an der Malschule vorherrschte.

Viele Damen, schrieb sie ihren Eltern am 20. 3. 1896, *wollen so für sich und ihre Familie etwas malen lernen. Dann zeichnen sie etwas, fangen dann etwas zu malen (an,* d. Verf.), *Aquarell und Öl vielleicht, können dann vielleicht ganz nette Landschaften malen und so für den Haushalt genug. Das kann man in zwei Jahren erreichen. Sie können dann aber nichts ordentlich.*

Um diese Gefahren frühzeitig auszuschließen, versuchte sich Clara Westhoff durch das Zeichnen eine solide Grundausbildung zu schaffen. Entschieden teilte sie ihren Eltern mit:

Ich werde im Sommer doch wohl nicht auf dem Lande malen, aus folgenden Gründen: Wenn man etwas ordentlich lernen will, so muß man vorher gründlich zeichnen lernen. Ich kann auf dem Lande auch Köpfe zeichnen. Es handelt sich nur darum, wie lange

*Zeit ich von meiner Ausbildung hergeben will.(. . .) Nehmen wir
an, ich zeichne ernsthaft zwei Jahre lang, dann habe ich eine ordent-
liche Grundlage. (. . .) Der Fehler der meisten ist, daß sie zu früh
anfangen zu malen.*

Die Masse der aus solchen Privatschulen hervorgehenden
dilettierenden Frauen, die einen großen Teil der künstlerisch
schaffenden Frauen ausmachte, gab der männlichen Kunstkritik sowie den männlichen Künstlern die Möglichkeit,
nun allen Künstlerinnen ernsthaftes Streben abzusprechen.
So wurde Paula Modersohn-Becker beispielsweise jahr-
zehntelang von der Kunstkritik Unfähigkeit und Dilettantismus vorgeworfen. Ausdruck dieser generell abwertenden
Kritik war die Bezeichnung »Malweib« für die Künstlerin
schlechthin. Daß dieser Begriff zumindest unter Künstlern
gang und gäbe war, zeigt Claras Brief vom 13. 10. 1896 an
die Eltern, in dem sie sich provokatorisch als »regelrechtes
emancipiertes Fin-de-Siècle-Weib« und als »Malweib« bezeichnet. Die Übertragung dieser abwertenden Bezeichnung
auf ihre eigene Person offenbart das trotzige Selbstverständnis einer Künstlerin, die sich ihrer Diskriminierung bewußt
war. Trotz aller Vorurteile, die ihrer künstlerischen Entwicklung entgegenstanden, versuchte sie sich dennoch mit be-
harrlichem Willen zu behaupten. Drei Jahre später schrieb
sie nach Hause:

*Ich glaube, bei Künstlerinnen ist es sehr schwer, daß sie es zu
etwas bringen, viel schwerer als bei Männern (. . .). Daher hat es
auch noch so wenig wirklich tüchtige Frauen gegeben. Also ich
meine tüchtig in dem anderen Sinne, nicht als Frau tüchtig –, sondern als Künstler oder überhaupt als Mensch im Beruf. Unter wel-
chen Bedingungen die Frauen nun eigentlich was leisten können,
weiß ich nicht, ich weiß nur, daß ich was leisten will.*

Doch zurück zum Unterricht. Die Schülerinnen konnten
Stilleben zeichnen oder zunächst Kopf-, später ganzfigurige
Studien nach einem lebenden Modell betreiben. Clara ent-
schied sich für Porträtzeichnungen. Schon in dieser ersten

Zeit der Ausbildung offenbarte sich ihre Liebe zum Porträt, die in ihrem plastischen Œuvre ihren Höhepunkt erreichte. Im Jahre 1895 besuchte sie Perspektive- und Anatomiekurse, die als wichtige Grundvoraussetzung für ihre späteren plastischen Arbeiten zu betrachten sind. Der Anatomieunterricht basierte auf dem Studium von lebenden Modellen und Leichenteilen:

Voriges Mal hatte Herr Schmidt (sic!) eine tote Menschenhand in Spiritus mit einem ganzen Stück vom Arm noch dran.

Die häufigen Gebührenerhöhungen trafen sie hart. Kritisch verglich sie die Kursgebühren der Malschule mit den Gebühren der preiswerteren, nur den männlichen Studenten zugänglichen staatlichen Akademie:

Die (. . .) Fehrklasse (. . .) ist auf 30,– Mark monatlich gesteigert. Zahlen sie also 12,– Mark für den Abendakt, macht 42,– Mark und dann noch Anatomie, das ist doch haarsträubend. Aber man muß nur bedenken, wie billig die Herren studieren, dann kriegt man doch 'ne Wut. Fehr ist ja schlau und von seinem Standpunkt aus hat er recht. Uns (die Künstlerinnen, d. Verf.) hat er sicher, denn wohin sollen wir armen Schlucker uns sonst wenden. (. . .)

Sie nahm diese Diskriminierung jedoch nicht stillschweigend hin, sondern versuchte, dagegen anzugehen. So bemühte sich die kaum Neunzehnjährige beim bayerischen Minister für ›Cultus und Unterricht‹ um die Zulassung von Künstlerinnen an Anatomiekursen, die für Studenten der Akademie und Gewerbeschule wöchentlich gehalten wurden:

Da existiert eine sogenannte »Anatomie«, wo täglich Vorträge für Ärzte sind und wo sie ein Mal in der Woche (. . .) für Künstler stattfinden. Und zwar nur für die Akademie und Kunstgewerbeschule, und nur für Herren. Jetzt sag mir einer, warum nur für Herren? Das muß anders werden und soll mich nicht wundern, wenn wir's durchsetzten.

Mit feiner Ironie beschrieb sie den Eltern am 11. 11. 1897 ihren beharrlichen Gang durch das bürokratische Getriebe,

17

ihr Vorsprechen bei dem Akademielehrer, dem Akademiedirektor, dem Ministerialrat und letztlich bei dem Minister selbst. Während des Gesprächs mit dem Ministerialrat wurde sie mit den allgemein üblichen Vorurteilen, die man Künstlerinnen entgegenbrachte, konfrontiert; das »zarte« Geschlecht sei den harten Anforderungen des Anatomieunterrichts körperlich wie geistig nicht gewachsen und auch moralisch dafür ungeeignet:

Der Herr Rat war ein kleines Ekel und unseren Plänen entschieden nicht geneigt. Er sprach von Konsequenzen, die daraus erwüchsen (natürlich Künstler und Beamte – das ist ein Unterschied), daß der Vortragende sich der Damen wegen einschränken müßte, ob sich das für Damen eignete (er meinte wohl, ob's den Damen bei den Leichen nicht übel würde) (. . .). Ich sagte, das wäre doch Sache der Damen, und er meinte, nein, sie hätten auch viel Verantwortung (Verantwortung für unsere Moral, scheint mir!).

Zudem befürchtete die Kultusbürokratie, daß die Zulassung von Frauen an den Anatomiekursen weitere emanzipatorische Forderungen nach sich ziehen würde:

Darauf sagte er, daß wir auch dann bald kommen könnten und an der Akademie teilnehmen wollten, und sie kämen schließlich in die Lage, eine Damenakademie gründen zu müssen. Dann gründen Sie doch eine, sagte ich. – Ja und warum nicht? Wenn der Staat sich verpflichtet fühlt, für die männlichen Künstler ganz ungeheure Unterstützungen zu leisten, warum tut er es nicht für die weiblichen?

Da Claras Einsatz nur von wenigen Mitschülerinnen unterstützt wurde, blieb ihr der Erfolg versagt. Ihre Bemühungen verdeutlichen jedoch, mit welchem Engagement sie ihre Ausbildung fest in die Hand nahm, und vermitteln den Eindruck eines rebellischen, unkonventionellen Charakters. Ihre Vorsprache und ihr schriftliches Gesuch wurden mit dem Standardargument des Platzmangels abgelehnt. Trotz dieser Benachteiligung machte Clara rasche Fortschritte:

Mein dieswöchentlicher Studienkopf, eine vierzehnjährige, reizende kleine Italienerin, ist mir gut gelungen. Die Kinder in diesem

Abb. 2: Clara Rilke-Westhoff: Italienerin,
Kohlezeichnung, 1895/96

Alter sind nämlich sehr schwer, es ist eigentlich nicht schön, daß ich mich selbst hier so herausstreiche, aber gerade hierbei nützt es nichts, zu bescheiden zu sein. Man muß sich bewußt sein, was man kann, damit man weiß, was man für Ansprüche an sich selbst machen kann (Abb. 2).

Im November 1896 begann sie mit Zustimmung der Eltern mit dem Aktzeichnen.

Neben ihrer praktischen künstlerischen Ausbildung ließ sie ein reges Interesse für zeitgenössische Kunst erkennen. Begeistert ging sie im Jahre 1895 und 1896 in die Münchener Secessionsausstellungen sowie im Herbst 1895 in die Internationale Glaspalastausstellung, auf der die Worpsweder Maler ihren ersten sensationellen Erfolg feierten.

Im Frühjahr 1897 lernte sie den jungen Bildhauer Ignazius Taschner kennen, der ihr Porträt in Stein schlug. Durch Taschner wurde sie erstmals mit der Bildhauerei konfrontiert und äußerte voller Begeisterung:

Bei meinem Bildhauer habe ich schon gesessen. Es (das Porträt, d. Verf.) *ist bereits ähnlich. (. . .) Der Mensch ist riesig talentiert.*

Abgesehen von einem fünfmonatigen Sommeraufenthalt im Jahre 1897 bei dem Landschaftsmaler Bernhard Buttersack in Haimhausen bei München, studierte sie insgesamt drei Jahre lang in München. Da Clara die teuren Arbeitsverhältnisse der Privatschule nicht länger hinnehmen wollte, schloß sie sich der Worpsweder Künstlerkolonie an. Die anschließende Zeit in Worpswede beeinflußte ihren künstlerischen und privaten Werdegang entscheidend.

Aufenthalt in Worpswede 1898/99

*›Ich bin nämlich jetzt ganz mit mir ins
Klare gekommen, daß ich Bildhauer
werden will.‹*

(An den Vater, 21. 11. 1898)

In den achtziger Jahren des 19. Jahrhunderts entstanden in Deutschland zahlreiche Künstlerkolonien, die um die Jahrhundertwende ihre Blütezeit erreichten. Die Worpsweder Künstlerkolonie gehörte zu den bekanntesten künstlerischen Gemeinschaften dieser Zeit. Fritz Mackensen entdeckte im Jahre 1884 das kleine abgelegene Dorf Worpswede bei Bremen und siedelte 1889 zusammen mit den Künstlern Otto Modersohn und Hans am Ende nach Worpswede über. 1894 ließen sich auch Fritz Overbeck und Heinrich Vogeler endgültig dort nieder. Die Gruppe stellte im Winter 1894/95 erstmals geschlossen als ›Künstler-Vereinigung Worpswede‹ in der Kunsthalle Bremen aus. Die Reaktion auf diese Ausstellung war zwiespältig. Die Kunstanschauung des Bremer Publikums wurde noch von Genre- und großformatigen Historienbildern der Düsseldorfer und Münchener Malschule geprägt, von einer Kunst, deren literarisch-novellistische und historische Inhalte im krassen Gegensatz zu den schlichten Naturanschauungen der Worpsweder Künstler standen. Durch diese aufsehenerregende Ausstellung in Bremen wurde jedoch der Präsident der Münchener Kunstgenossenschaft von Stieler auf die Worpsweder aufmerksam. Er lud die Künstlervereinigung Worpswede 1895 zur Jahresausstellung in den Münchener Glaspalast ein, wo ihre Werke mit großer Begeisterung aufgenommen wurden.

Im Dezember 1897 besuchte Clara den vielseitigen und weithin bekannten Künstler Heinrich Vogeler in seinem Münchener Atelier[1], der seit dem Jahre 1894 der Worpsweder Künstlerkolonie angehörte. Vogeler, der 1894 selbst

21

kurze Zeit Mackensens Schüler war, unterstützte ihren Plan, nach Ostern 1898 als Schülerin Fritz Mackensens nach Worpswede zu gehen.[2] Mackensen, der sich nur gelegentlich als Bildhauer betätigte, entdeckte bald nach Clara Westhoffs endgültiger Übersiedlung nach Worpswede im Frühjahr 1898 ihre Begabung. Er korrigierte ihre bildhauerischen Studien und ermutigte sie, sich neben dem Zeichnen plastischen Arbeiten zuzuwenden. An ihrem zwanzigsten Geburtstag faßte Clara den ungewöhnlichen Entschluß, Bildhauerin zu werden, und drang somit in eine den Männern vorbehaltene Domäne ein. An den Vater schrieb sie:

Nun will ich Dir aber auch noch etwas erzählen, was mich ganz besonders mit Freude erfüllt. Ich bin nämlich jetzt ganz mit mir ins Klare gekommen, daß ich Bildhauer werden will. Ich bin darüber sehr glücklich. (. . .) Ich freue mich auch, daß Du mal mit Mackensen gesprochen hast und dadurch hoffentlich über mein Talent und den Ernst meines Strebens etwas beruhigt bist.

Für ihre erste in Worpswede entstandene Arbeit waren die Anregungen ihres Lehrers Fritz Mackensen und des belgischen Bildhauers Constantin Meunier bestimmend, die versuchten, ländliche und industrielle Armut künstlerisch aufzuarbeiten. Bedenkt man, daß dieses Metier erst Ende des 19. Jahrhunderts als Gegenstand künstlerischer Auseinandersetzungen entdeckt wurde, so ist bemerkenswert, daß sich Clara dieser sozialen Problematik annahm und daß sie eine völlig eigenständige und für die Jahrhundertwende ungewöhnlich nüchterne und unpathetische Auffassung dieser Thematik entwickelte. So verzichtete sie in ihrer krassen Darstellung der häßlichen ›Alten‹ von 1898 *(Abb. 3)* auf den anekdotisch-genrehaften Zug, der für Mackensens Kunst, wie z. B. seine würdevolle naturverbundene ›Alte Frau mit Ziege‹ aus demselben Jahr, typisch ist. Ebenso vermied sie jene klassizistische Idealisierung und Heroisierung, die Meuniers Werke, z. B. seine 1893 entstandene stille, durchgeistigte ›Arbeiterfrau‹, prägen.

Gelegentlich arbeitete Clara zusammen mit Paula Becker,

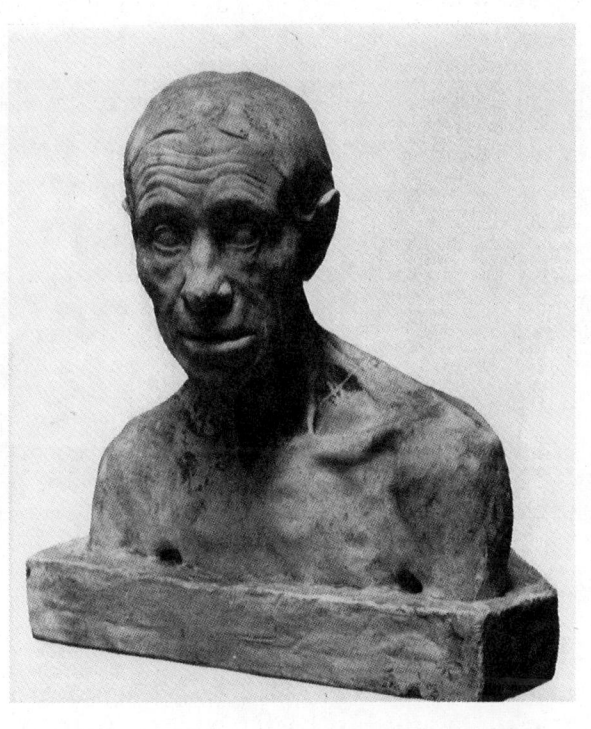

ABB. 3: CLARA RILKE-WESTHOFF: BILDNIS EINER ALTEN,
GIPS, 1898

ABB. 4: PAULA BECKER UND CLARA WESTHOFF
IN PAULAS WORPSWEDER ATELIER, UM 1900

ABB. 5: CLARA RILKE-WESTHOFF: PAULA BECKER, BRONZE, 1899

die seit September 1898 als Malschülerin Mackensens in Worpswede lebte, nach denselben Modellen, größtenteils Bauern und Armenhäuslern. Beinahe schwärmerisch schilderte Paula in ihrem Tagebuch ihren ersten Eindruck von der späteren Freundin:

Inniges Nachbilden der Natur, das soll ich lernen. (. . .) Da ging mir heute ein Licht auf bei Fräulein Westhoff. Die hat jetzt eine alte Frau modelliert, innig, intim. Ich bewunderte das Mädel, wie sie neben ihrer Büste stand und sie antönte. Die möchte ich zur Freundin haben. Groß und prachtvoll anzusehen ist sie, und so ist sie als Mensch und so ist sie als Künstler.

Diese Begeisterung vertiefte sich bald zu einer vertrauensvollen Freundschaft und künstlerischen Übereinstimmung:

Ganz allmählich lösen sich die rauhen Schalen. (. . .) Wir haben uns gern und achten uns und lernen viel voneinander. Der Ton, wie er zwischen uns herrscht, ist mir sehr lieb. Er hat was Ernstes, Großes, feine ernste Kunstgespräche mit Heinrich Vogeler als viertem im Bunde (. . .).

In dieser Zeit beginnender Freundschaft *(Abb. 4, 5)* entstand Claras dem Jugendstil nahestehende Porträtbüste von Paula Becker, ihr erstes Freundschaftsbildnis. Zuversichtlich berichtete Clara ihrem Vater am 1. 7. 1899:

Ich wollte gern Fräulein Becker modellieren in diesen Tagen (. . .) und ich habe sie heute morgen angefangen. Ich glaube, es wird gut. Da ist mir nämlich eine ganz andere Aufgabe gestellt wie sonst. Deshalb bin ich auch gestern elendig in die Brüche gegangen. Heute habe ich noch mal angefangen, und ich glaube, jetzt krieg ich es und darüber bin ich riesig froh. Ich möchte nun ganz was Feines draus machen und möchte es auch gern in diesen Tagen gleich fertig kriegen.

In ihren 1932 geschriebenen Gedenkworten für die 1907 verstorbene Freundin schilderte Clara Westhoff ihr erstes Studienjahr in Worpswede etwas verklärt:

Die Zeit, in der wir einander begegneten, war für uns beide eine besonders glückliche und bedeutsame. Es war das Jahr, das uns aus

der Stadt und aus dem städtischen Malschulenbetrieb heraus in eine
uns heimatlich und verwandt empfundene Landschaft versetzt hatte.
Worpswede bedeutete für uns ein schönes köstliches Geschenk. Das
Ankommen dort, das Dortbleiben- und Dortarbeitendürfen war wie
der Anbruch eines unaufhörlichen Sonntags. Man war gleichsam
hinaufgehoben aus dem Alltag durch die sanfte Rundung dieses ein-
zigen in der Ebene liegenden Berges, durch ihn unter den großen
wolkigen Himmel gerückt. Man hatte keine andere Pflicht, als die-
sen Himmel täglich und stündlich zu erleben, ihn selbst und seinen
Widerschein bis in die dunklen Häuser, wo beim offenen Feuer die
Alten hantierten und die Kinder spielten. [3]

Neben dieser engen Freundschaft zu Paula Becker unter-
hielt sie auch zu anderen Worpsweder Künstlern eine
freundschaftliche Beziehung und beteiligte sich lebhaft am
geselligen Leben der Worpsweder Künstlerkolonie.

Die unbeschwerte Zeit in Worpswede ging jedoch ihrem
Ende entgegen. Fritz Mackensen versuchte Claras bildhauerische Entwicklung zu fördern, indem er mit den Bildhauern
Max Klinger und Carl Seffner in Verbindung trat, um über
die Möglichkeit einer Lehrzeit für Clara Westhoff in Leipzig
zu sprechen. Eine Gelegenheit, diese Vermittlung zu einem
Abschluß zu bringen, bot Ende April 1899 die Deutsche
Kunstausstellung in Dresden, in der Mackensen mit Modersohn, am Ende, Vinnen und Vogeler als ›Künstlergemein-
schaft Worpswede‹ geschlossen ausstellte. Auf dieser Ausstellung präsentierte sich Clara Westhoff erstmals der
Öffentlichkeit: Sie war dort mit der 1898 entstandenen
Bildnisbüste der ›Alten‹ (Abb. 3) vertreten, die von Klinger
ausdrücklich gelobt wurde, der innerhalb der Dresdener
Kunstausstellung eine Sonderausstellung zeigte. Im Anschluß an die Ausstellung wurde Clara von Max Klinger
nach Leipzig eingeladen, wohin sie im August 1899 für sechs
Wochen übersiedelte. Im Juni 1899 teilte sie ihrem Vater
mit, daß sie ihre Arbeiten in Worpswede beenden würde, da
jetzt

wohl der richtige Moment sein (wird), zu Klinger zu gehen. Ich will hier keine neue Arbeit mehr anfangen, denn dazu will ich auch erst in der Technik ganz und gar bewandert sein. Seffner in Leipzig hat sich ja auch erboten, mir im Modellieren und Gießen etc. behilflich zu sein.

Die Lehrjahre bei Fritz Mackensen bestärkten Clara Westhoff in ihrem Entschluß, Bildhauerin zu werden, und motivierten sie, die Ausbildung bei anderen Bildhauern zu vertiefen:

Ich habe das Gefühl, als ob Mackensen mich nun bald entläßt – obgleich das ja immer überlegt werden muß – denn er kann mir immer sehr viel sagen. Jedenfalls bin ich ihm ganz ungeheuer dankbar und kann das nicht genug betonen. Denn es ist ganz allein Mackensens Verdienst, wenn ich es binnen einem Jahr dazu gebracht habe, daß ich vollständig weiß, was ich brauche und muß und will. Und daß ich nicht im mindesten mehr das Gefühl habe, in meiner Kunst von irgend jemand abhängig zu sein.

Bei Max Klinger erhoffte sie sich eine Fortentwicklung ihrer bildhauerischen Fähigkeiten und lobte ihn in den höchsten Tönen:

Zu Klinger zu kommen, das ist ja ein ganz fabelhaftes Glück für mich. Wenn man bedenkt, was ein Mann wie Klinger alles anfängt – das ist ja unheimlich –, und da ist man wirklich beneidenswert, wenn man Gelegenheit haben kann, das in der Nähe zu sehen und womöglich da mitzuarbeiten.

Studien bei Max Klinger und Carl Seffner
in Leipzig 1899

>*Klinger (. . .) wundert sich sehr über*
meine Konsequenz und Ausdauer, mit
der ich mir die Hände zerschlage.<
(An die Eltern, 9. 7. 1899)

Knappe zwei Monate später, am 9. 7. 1899, konnte Clara
ihren Eltern bereits berichten:
Und jetzt stehe ich in einem der unteren Räume von Klingers
Atelier und punktiere meine in Gips abgegossene Hand aus dem
Stein heraus; was gar keine leichte Arbeit ist. Klinger sagt, er hätte
mir den Block nur zum Abschrecken gegeben, und wundert sich sehr
über meine Konsequenz und Ausdauer, mit der ich mir die Hände
zerschlage.

Daß Clara nicht übertrieben hatte, bestätigen die Erinnerungen des Bremer Architekten Fritz Schumacher:
Er (Klinger, d. Verf.) verlangte einen Befähigungsnachweis,
und anstatt ihr, wie sie erwartet hatte, etwas zum Modellieren zu
geben, sperrte er sie in einen kleinen Nebenraum, gab ihr ein Stück
Marmor, den Gipsabguß einer Hand und sein schweres Steinmetz-
werkzeug: »*So, das meißeln Sie mir mal aus.*« *Aber er hatte sich in*
seinem Gast, dessen Anwesenheit er völlig vergaß, geirrt. Als er spät
abends zufällig in den kleinen Nebenraum trat, fand er die von Ar-
beit und Hunger erschöpfte Bildhauerin auf der Erde schlafend —
aber die Hand war ausgemeißelt.

Es liegt nahe, daß Schumacher von dieser Begebenheit
durch Klinger erfuhr, den er allwöchentlich beim Kegel-
abend traf. Die Zielstrebigkeit, die Clara Westhoff bei der
künstlerischen Probe im Atelier zeigte, bewog Klinger, der
ansonsten voller Mißtrauen gegenüber bildhauerisch tätigen
Frauen war, ihr für sechs Wochen einen seiner Atelierräume
zur Verfügung zu stellen.

Bei Klinger erlernte sie am Beispiel des Gipsabgusses ihrer
Hand den Gebrauch des Punktiergerätes und die Bearbei-

tung des Steines und bei Klingers Freund, dem Bildhauer Carl Seffner, die verschiedenen Gußverfahren. Auch wenn sie keine »direkte« Schülerin Max Klingers war, so hatte sie doch die Möglichkeit, den ganzen Tag unter seiner Anleitung zu arbeiten. Am 18. 8. 1899 schrieb sie an Paula:

Ich finde es riesig nett, daß ich direkt für mich unter Anleitung Klingers eine Studie in Marmor mache, nachher weiß ich von allem Bescheid und kann allein weiterfinden. (. . .) Das Studium auf diese Weise – ohne direkt Schülerin zu sein, macht sehr viel Freude.

Ende August schuf sie, ohne daß jemand davon Kenntnis hatte, das Relief eines Knaben. Diese heute verschollene Arbeit, die außerhalb Klingers Atelier in den späten Abendstunden entstand, zeigt, daß es Claras künstlerischem Selbstverständnis nicht genügte, sich lediglich bildhauerische Techniken anzueignen. Das Experiment, allein ein Werk zu schaffen und dadurch ihre Kreativität unter Beweis zu stellen, gelang. Als sie Klinger und Seffner das Tonmodell des Reliefs zeigte, erntete sie große Anerkennung und die Bestätigung, daß sie zweifellos »Talent«, »viel Ausdauer und Geschick« bewiesen habe. Klinger bezeichnete die Arbeit als »künstlerisch«, »stimmungsvoll« und »gut gezeichnet«. Clara ließ sich bei diesem Werk zudem von dem Gedanken leiten, sich auch weiterhin der Unterstützung und des anhaltenden Interesses Klingers zu versichern:

Nun habe ich aber, glaube ich, dadurch ihr ganzes Interesse erobert, denn sie (Seffner und Klinger, d. Verf.) waren alle beide ganz Feuer und Flamme. (. . .) Mein Plan ist der, nach Fertigstellung des Reliefs wieder nach Worpswede zu gehen – aber vorher Klingers Interesse so weit zu wecken, daß er mir erlaubt, ihm von dort aus immer mal was von meinen Sachen zu schicken oder auf irgendeine Art zu zeigen, um seinen Senf zu hören.

Max Klinger riet ihr von dem Vorhaben, nach Worpswede zurückzukehren, ab:

Worpswede halte ich augenblicklich doch nicht für so angebracht – die Herren haben doch andere Interessen, und Sie müssen was sehen, Kollegen haben und sich mal aussprechen können.

Er empfahl ihr statt dessen, die »trockene Wissenschaft«, nämlich Aktzeichnen und anatomische Studien, durch den Besuch einer Akademie zu vertiefen:

Ich habe verschiedene Adressen für Sie: München-Hollósy; Paris-Julian.

Obwohl sie zunächst vorhatte, in Brüssel zu studieren, entschied sie sich schließlich dafür, nach Paris zu gehen. Nachdem Friedrich Westhoff zögernd die Erlaubnis erteilt und weitere Unterstützung zugesagt hatte, stand ihrem Vorhaben nichts mehr im Wege.

Vor ihrer Abreise nach Paris beteiligte sie sich im Dezember 1899 an einer Ausstellung in der Bremer Kunsthalle, wo sie zum erstenmal in Norddeutschland künstlerisch in Erscheinung trat. Sie war mit den Gipsfassungen der Büste Paula Beckers (Abb. 5), der Büste der ›Alten‹ (Abb. 3) sowie des Reliefs eines Knaben vertreten. Der tonangebende Bremer Kunstkritiker Arthur Fitger äußerte sich in der ›Weser-Zeitung‹ vom 13. 12. 1899 zwar lobend über »die Studien« Clara Westhoffs und bezeichnete sie als »ausgesprochenes Talent«, er sprach sich jedoch gleichzeitig dagegen aus, daß Anfängern die Möglichkeit zu Ausstellungen gegeben wird:

Wir finden es im allgemeinen nicht gerechtfertigt, daß Anfänger bereits mit ihren Studien die Ausstellungen unsicher machen (. . .). Nicht jeder Quartaner braucht zu denken, daß die Beschreibung seiner letzten Ferienreise schon ein Objekt für mindestens Reclam's Universalbibliothek, wenn nicht gar für die Monumenta Germaniae abgäbe; wenn jedoch ein so ausgesprochenes Talent wie das von Clara Westhoff sich frühzeitig in einen erziehenden Connex mit dem Publikum (d. h. einen, bei dem sie nicht etwa erzöge, wie das die Jugend ja meistens so gern will, sondern erzogen würde) zu setzen bemüht, so kann das vielleicht eine gute Folge haben.

Fitger tadelte insbesondere die Dreistigkeit der jungen Künstlerin, die bereits im jugendlichen Alter von kaum einundzwanzig Jahren Ausstellungen beschickte:

Eines möchten wir zu bedenken geben. Die Künstlerin ist, wie wir hören, eine noch sehr junge Dame; dafür scheint uns ihre Kunst

schon ein bißchen reichlich dreist. Dreistigkeit steht nur ganz klei-
nen Kindern wohl, hernach, und namentlich junge Mädchen, klei-
det eine zarte Schüchternheit viel anmutiger, bis dann bei reiferen
Jahren die kindliche Dreistigkeit als jugendliche Kühnheit wieder
hervortreten und alle Herzen bezaubern mag.

Clara durchbrach ein über Frauen verhängtes Tabu, indem
sie sich bereits frühzeitig in die Öffentlichkeit wagte. Fitgers
Empörung zeigt die allgemeine Rollenerwartung, die von
Frauen anstelle von Selbstbewußtsein und Durchsetzungs-
vermögen Anmut und eine »zarte Schüchternheit« verlangte.
Seine Angriffe gegen die Worpsweder Künstlerinnen, vor
allem auch gegen Paula Becker und Marie Bock, veranlaßten
die männlichen Kollegen zu einer Stellungnahme. Stellver-
tretend trat Carl Vinnen im ›Courier an der Weser‹ vom
24. 12. 1899 Fitger entgegen, den er als »Kämpen des Alten«
bezeichnete, und kritisierte seinen »alles Maß sachlicher Kritik überschreitende(n) Sturmangriff«. Vinnen hob besonders
hervor, daß bereits Clara Westhoff das Unglück hatte,
sich eine Zurechtweisung zuzuziehen für dieselben Arbeiten, über
die Max Klinger in Dresden in Gegenwart des Schreibers dieser
Zeilen sich nicht nur höchst anerkennend äußerte, sondern welche
ihn auch bewogen hatten, dieselbe als seine Schülerin anzunehmen.
Hoffen wir, daß diese Anerkennung sie ein klein wenig für die Auf-
nahme in ihrer Vaterstadt entschädigen möge.
Für eine Bildhauerin war es bei diesen tiefverwurzelten
Vorurteilen äußerst schwierig, nicht nur kleine Privatauf-
träge wie Porträtbestellungen zu erhalten, sondern entspre-
chende Aufträge von städtischen oder staatlichen Institutio-
nen für monumentale Plastiken oder gar Denkmäler. Auch
Clara erhielt nie die Möglichkeit, sich an Denkmälern oder
monumentalen Plastiken für staatliche Auftraggeber zu versuchen, sondern mußte ihren Lebensunterhalt fast aus-
schließlich mit kleineren nervenaufreibenden Privataufträ-
gen bestreiten. Um ihre finanziellen Probleme zu lösen, war
sie gezwungen, selbst die unzumutbarsten Auftragsbedin-

gungen hinzunehmen. Häufig wurde sie in die Rolle der Bittstellerin gedrängt, um Aufträge zu erhalten, wobei sie es noch schwerer hatte als ihre männlichen Kollegen. Ihre Großzügigkeit finanziellen Angelegenheiten gegenüber, aber besonders die Norm, sich als Frau gegenüber dem Mann bescheiden zu verhalten, wurden in den Verhandlungen mit finanzkräftigen Auftraggebern zu deren pekuniärem Vorteil ausgenutzt. Erst nach zahlreichen negativen Erfahrungen handelte sie Jahre später selbstsicherer und wagte es, ebenfalls Bedingungen zu stellen. Dem Verleger S. Fischer schrieb sie am 7. 9. 1909:

Es sind Umstände eingetreten, die es mir nötig machen, mich mit Ihnen zu verständigen, ehe ich komme. Ich habe geschäftliche Dinge bisher in einer Weise betrachtet und erledigen wollen, die, wie ich eingesehen habe, absolut nichts mit der Wirklichkeit zu tun hat. Da ich mein Verhalten in dieser Beziehung vollständig ändern muß, so kommt es, daß die Bedingungen meines Kommens, wie ich sie Ihrer Frau schrieb, nicht mehr gelten können. Ich kann die Arbeit, Ihr Porträt zu machen, nur dann ausführen, wenn Sie mir den Auftrag geben wollen. Der Preis einer Büste in Bronze ausgeführt, wie die des Herrn Dr. Jaenecke (. . .) würde 1500,– M betragen. Verzeihen Sie mir, daß ich die Art und Weise, wie ich meine Arbeit Ihnen angeboten habe, nicht aufrecht erhalten kann. Sie war in sich haltlos und mir selbst nicht einmal ganz klar.

Neben ihren persönlichen Schwierigkeiten in geschäftlichen Dingen mußte sich Clara mit den ganz allgemeinen Problemen einer künstlerischen Existenz herumschlagen. Des öfteren wurde sie mit den Allüren ihrer Auftraggeber konfrontiert, die für ihre künstlerische Arbeit weder Verständnis noch Zeit aufbrachten, sondern einzig an einer schnellen Fertigstellung der Porträtaufträge interessiert waren. Der zeitliche Druck, der durch oft befristete Terminierungen der Auftraggeber ausgelöst wurde, belastete das künstlerische Arbeiten stark. Es sollte Jahre dauern, bis sie es wagte, sich durchzusetzen. Am 13. 3. 1903 teilte sie Baronin Langen mit:

Vor reichlich vierzehn Tagen begann ich mit der Arbeit Ihres Porträts. Daß diese Arbeit für mich eine sehr, sehr schöne Aufgabe ist, an die ich mit Begeisterung und Frohheit herantrat, haben Sie sicher auch gefühlt – nur habe ich bei Beginn derselben einen großen Fehler gemacht. Ich habe nicht deutlich und klar genug ausgesprochen, in welcher Art ich diese Aufgabe auffasse. Ich fühlte nur dunkel allerlei von Ihnen und Ihrem Mann gut gemeinte und sehr begreifliche Bedenken und Bedingungen mir gegenüber gestellt. Ohne eigentlich zu wollen, fast ohne mir dessen bewußt zu werden, nahm ich Rücksicht darauf. Ich hatte das Gefühl – besonders das war es: es darf nicht allzu lange dauern. Ich verstand das so gut und dachte: gut, so werde ich beginnen möglichst schnell und möglichst glänzend. (. . .) Als ich die Arbeit stillschweigend (. . .) begann, hatte ich vielleicht eine leise Furcht, daß Sie, falls ich die Arbeit nicht nach diesen Voraussetzungen ausführte, nein sagen könnten. Das heißt: ich fürchtete mich vielleicht vor dem entweder-oder .–

Heute fürchte ich dieses »Entweder-Oder« nicht mehr, ich bitte Sie sogar darum. (. . .) Die Bedingungen sind also kurz gesagt: Zeit, nichts als Zeit. Wollen Sie ein ernsthaftes Porträt haben, so ist das die eine große und wichtige Bedingung. Ohne ihre Erfüllung kann ich es nicht machen, und ich bitte Sie dann nur, mir zu verzeihen, daß ich nicht gleich darauf gekommen bin, Ihnen das alles klar und ohne Rückhalt zu sagen.

Entscheidende Begegnung mit Rodin in Paris 1899/1900

›Il faut toujours travailler!‹
(Wahlspruch Rodins)

Nach Beendigung der Porträtbüste der Großmutter Laura Westhoff, die auf Wunsch des Vaters entstand, reiste Clara im Dezember 1899 nach Paris. Paula Becker folgte am 1. Januar 1900 in das gemeinsame Quartier nach. Carl Woldemar Becker sah die enge Freundschaft der beiden

Künstlerinnen äußerst ungern und riet seiner Tochter Paula, sich von Clara zu distanzieren:

Es ist ganz gut, für den Anfang wenigstens, daß Du an Fräulein Westhoff einen sympathischen Stubennachbar gefunden und mit ihr Deine freie Zeit verbringst. Aber auf die Dauer würde ich Dir raten, Dich von ihr zu emanzipieren. Du sollst in ein ganz anderes Milieu kommen, und es ist daher nur vorteilhaft, wenn Du die Worpsweder Bande möglichst von Dir abwirfst und Dich ganz den neuen Eindrücken hingibst. Du läßt Dich, ohne daß Du es merkst, von ihr, als der stärkeren Natur, beeinflussen und das halte ich nicht mit Deinem Pariser Aufenthalt vereinbar (. . .)

Er warf den Worpsweder Künstlern vor, ein esoterisches Bewußtsein zu pflegen und sich in eine »Manier« hineinzusteigern, die nur »unter (. . .) Auguren (. . .) verständlich und sogar schön sein mag, die aber für andere Sterbliche eben nicht verdaulich« sei. In Worpswede sei der »vernünftige Maßstab« verlorengegangen. Als Konsequenz forderte er seine Tochter auf, mit der Worpsweder Kunstanschauung zu brechen:

Je mehr Du Worpswede abschütteln kannst, je weniger Du von dem albernen Worte modern an Dir behältst, desto mehr bist Du einen Schritt vorwärtsgekommen. (. . .) Nimm alles in Dir auf, was schön ist, und entwickele Dein Gefühl für Form. Darin sind uns die Franzosen über. Schön ist alles, was uns Genuß bereitet. Deine Worpsweder Hängebäuche werden jedenfalls durch zierlichere in der Malakademie ersetzt werden. Möchtest Du an ihnen recht viel lernen.

Die Werke der »modernen« Worpsweder stießen bei Carl Woldemar Becker, der die klassizistische Auffassung des Bürgertums seiner Zeit vertrat, auf heftigen Widerstand. Die schroffe Ablehnung der Worpswedes Kunst durch die herrschende Kunstkritik hielt lange Zeit an. Wurde im Jahre 1895 die erste Worpsweder Ausstellung in Bremen als »schlechter Scherz« und »Lachkabinett« verspottet und die tonige Farbgebung der Worpsweder Malerei als »schmutzige Flecken« kritisiert, so mußte der Maler Leo von König auch

1909 noch feststellen, daß es in der Hansestadt Bremen Leute gab, »auf die der Name Worpswede wie auf den Bullen das rote Tuch wirkt«.

Diese Kunstauffassung orientierte sich an Historien-, Genre- und allegorischen Darstellungen, wie sie die Düsseldorfer und Münchener Malschulen um die Jahrhundertmitte vertraten. Insbesondere der in Bremen hochgeschätzte Arthur Fitger mit seiner aufwendigen historisierenden und allegorisierenden Monumentalmalerei bestimmte den Kunstgeschmack des Bremer Bürgertums. Mit der 1892 gemalten stillenden Bäuerin schockierte Fritz Mackensen das Bremer Kunstpublikum. Obwohl er die ›Madonna im Moor‹, losgelöst von ihrer realistischen Lebenssituation, überhöhte und mit einer nahezu sakralen Würde ausstattete, war die Kritik zunächst vernichtend. Beinahe abstoßend mußte Carl Woldemar Becker dann Clara Westhoffs Büste der ›Alten‹ (Abb. 3) oder ihre Zeichnungen finden, die jegliche Idealisierung der Wirklichkeit und des bäuerlichen Milieus bewußt vermieden. Hielt er Clara für unrettbar »modern« und worpswedisch, so hegte er bei seiner Tochter noch die Hoffnung, daß sie sich durch eine akademisch-klassizistische Schulung von dem negativen Einfluß der Freundin und der Worpsweder lösen und zu »ästhetischeren« Darstellungen finden würde. Mit Frankreich verband er die Vorstellung, daß dort klassizistische Traditionen, wie die der Davidschen Schule, akademische Studien nach dem Modell sowie die traditionelle Aneignung handwerklicher Gewissenhaftigkeit und technischer Vollendung besonders gepflegt würden. Paula gab dem ständigen Drängen ihres Vaters schließlich nach und versicherte ihm, daß sie »andere Kurse als Clara Westhoff« besuchte und »überhaupt eine andere Lebensweise als sie« habe.

Clara Westhoff und ich geben uns Mühe, die gegenseitigen Existenzen, so gut es geht, zu ignorieren. Wir fühlen selbst, daß wir mal von ganz anderer Seite gerieben werden müssen.

Clara besuchte vormittags die Académie Julian, während sich Paula für die Académie Colarossi entschieden hatte. Bei den französischen »Akademien« handelte es sich um private Kunstschulen, deren Gründer eher Unternehmer und geschickte Spekulanten als qualifizierte Künstler waren. Sie mieteten die Räume, organisierten Modelle und stellten die unterrichtenden Künstler, die meist unbesoldet Korrektur erteilten, ohne vertraglich an die Akademie gebunden zu sein. Insbesondere Frauen und Ausländer besuchten diese Schulen, da man ohne Vorprüfungen zugelassen wurde. Der Zustrom war so groß, daß mehrere Abteilungen gebildet wurden. Um die Jahrhundertwende bestand die Académie Julian z. B. aus vier Ateliers. Ein anonymer Bericht in der ›Kunst für Alle‹ von 1897 schildert mit beißender Ironie die Zustände an dieser Akademie:

Fast jede Deutsche beginnt (. . .) in einem der vier Ateliers von Julian. (. . .) Tatsächlich sind die vier Studienräume vier Ateliers von sehr schlechtem Licht, sehr schlechter Luft, elenden Plätzen, in denen durchschnittlich sehr schwach gearbeitet wird. Das in der »passage du panorama« gilt als »académie la plus forte«, ist aber gesundheitlich das ungünstigste; das in der »rue de Berry«, das hellste und geräumigste, ist zu einem vollkommen Dilettantenatelier der reichen Engländerinnen und Amerikanerinnen herabgesunken, die dort ihre Reitverabredungen treffen. Nachdem die ganze Woche hindurch die Anfängerin sich mit einer »académie« allein abgequält hat, kommt am Sonntag »le grand maître«. Ein erhabener Augenblick! Eine Schar Lernbegieriger folgt ihm von Staffelei zu Staffelei, verklärt zu ihm hinblickend.«

Die russische Malerin Maria Bashkirtseff stellt diese chaotischen Ausbildungsverhältnisse anschaulich in ihrem Bild ›Die Académie Julian‹ dar, das eine völlig überfüllte Aktklasse zeigt *(Abb. 6)*.

Als beste Abteilung der Académie Julian wurde die Klasse von J. J. Lefebvre bezeichnet, die vorwiegend von Deutschen besucht wurde. Mit großer Wahrscheinlichkeit ist anzunehmen, daß auch Clara Westhoff bei Lefebvre arbeitete;

ABB. 6: MARIA BASHKIRTSEFF, ACADÉMIE JULIAN, UM 1900

unbekannt ist allerdings, ob sie neben der Zeichen- auch die Bildhauerklasse der Akademie besuchte, aus der bedeutende deutsche Bildhauer wie Ernst Barlach (1895/96), Georg Kolbe (1897/98) oder Käthe Kollwitz (1904) hervorgingen. Die »Damenklassen« der Académie Julian wurden von der oben erwähnten, sachverständigen, anonymen Kritikerin als eine »Sache der Mode und des Chics« bezeichnet, die hauptsächlich aus »lärmenden, schwatzenden Dilettantinnen oder Anfängerinnen« bestanden, »die das Kunstniveau der Klasse trotz des tüchtigen Lehrers herunterdrücken« würden, so daß die »ernsteren und begabteren Malerinnen« aufgrund »der schlechten Atelier- und Lebensverhältnisse« wenig dazulernten.

Neben dem Besuch der Akademie nahmen Clara Westhoff und Paula Becker zweimal wöchentlich gemeinsam am kostenlosen Anatomieunterricht der École des Beaux Arts teil. Hier hatte Clara endlich die für deutsche Künstlerinnen außergewöhnliche Möglichkeit, anatomische Studien zu betreiben:

In der Woche gehen wir, Paula Becker und ich, jeder unsere eigenen Wege – nur die Anatomievorträge, mittwochs und sonnabends, hören wir zusammen. Dann sitzen wir da nebeneinander, jeder mit einem blauen und einem roten Bleistift, und zeichnen schematische Zeichnungen von Muskeln und Knochen, die der Professor während des Vortrags an der Tafel macht, nach.

Entscheidender als die Besuche der Kurse an der Académie Julian und der École des Beaux Arts war für Claras künstlerische Entwicklung die Begegnung mit Auguste Rodin. Mit einer Empfehlung von Max Klinger suchte sie, noch während ihrer Studienzeit an der Académie Julian, Rodin in seinem Atelier im staatlichen Marmordepot in der Rue de l'Université in Paris auf. Sie schilderte diese erste Begegnung euphorisch:

Er begrüßte mich freundlich und aufmerksam und sagte, ich solle mich nur umsehen, indem er auf den mit Arbeiten gefüllten Raum hinwies. Ich war recht froh, mich so allein in die Betrachtung ver-

senken zu können. Aber als ich einmal zu ihm hinübersah, hielt er
gerade ein kleines Werk aus Gips in der Hand, das er von dem Bock,
auf dem es gestanden, aufgenommen, drehte es vor den Augen der
Besucher und gab einige Erklärungen. Als er merkte, daß ich zusah
und hörte, wendete er sich mit einem liebevollen Blick zu mir und
gab mir die kleine, zerbrechliche Sache in die Hand. Dann wandte
er sich wieder seinen Gästen zu, – vornehmen Damen und Herren
aus der großen Welt. Diese unscheinbare kleine Geste führte mich
auf eine liebevolle, selbstverständliche, vertrauensvolle Art in seine
Welt ein, die mir von da an aufgeschlossen war.[4]

Offenbar ermutigt durch ihre ersten positiven Eindrücke
von Rodin, versuchte sie den Kontakt durch häufigere Besuche auszubauen. Voller Zuversicht konnte sie ihren Eltern im
März 1900 berichten, daß Rodin auf sie aufmerksam geworden sei:

Heute war ich wieder bei Rodin im Atelier, der sehr liebenswür-
dig zu mir war, mir alle möglichen Sachen zeigte, die da augen-
blicklich in Arbeit sind. Mit den Herren zusammen kann ich leider
nicht arbeiten, aus tausend Gründen, die er mir vorstellte. Er war
aber sehr liebenswürdig, und ich hoffe, daß er sich für mich interes-
sieren wird, dann bitte ich ihn auch mal, meine Arbeiten zu Hause
anzusehen. (. . .) Am Schluß hat er sich meine Karte ausgebeten,
um meinen Namen zu behalten.

In den folgenden Monaten suchte sie Rodin immer wieder in seinem Atelier auf, um sich von ihm beraten und kor-
rigieren zu lassen. Anfang Januar 1900 eröffnete er zusammen mit seinem ehemaligen Schüler Antoine Bourdelle und
einem befreundeten Kollegen und früheren Mitarbeiter,
Jules Desbois, eine private Bildhauerschule: das ›Institut Rodin‹ in dem Haus 132 Boulevard du Montparnasse, das aus
zwei getrennten Ateliers für männliche und weibliche Studenten bestand und sich als Alternativ- und Konkurrenzun-
ternehmen zu den privaten »Akademien« und der offiziellen
École des Beaux Arts betrachtete. Die künstlerische Leitung
des Instituts lag alleinverantwortlich bei Rodin und seinen
beiden Kollegen, so daß sich das Institut in seiner inhalt-

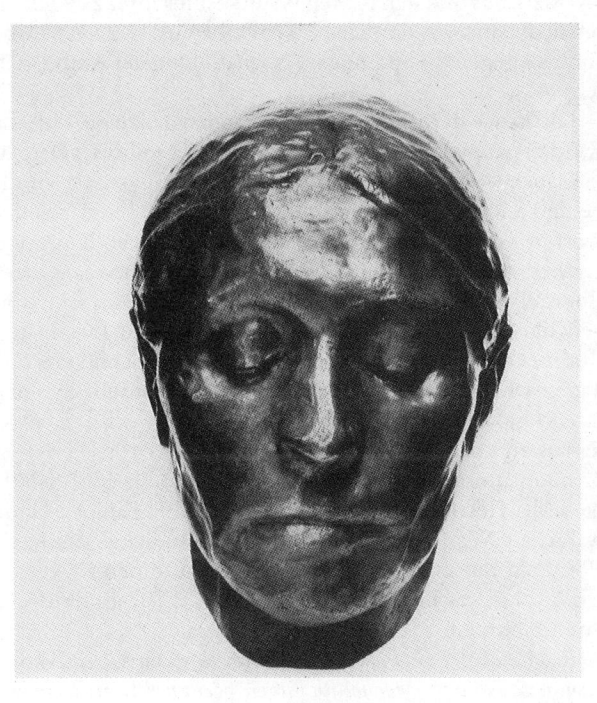

ABB. 7: CLARA RILKE-WESTHOFF: KOPF EINER BÄUERIN,
BRONZE, UM 1902

lichen Konzeption vollkommen von den anderen gängigen Instituten unterschied. Rodin, Bourdelle und Desbois lehrten einen neuen, gegen den herrschenden akademischen Klassizismus und den platten Naturalismus ihrer Zeit gerichteten dynamisch-sinnlichen Symbolismus, der sich insbesondere gegen die »pompöse« Nachahmung der Antike richtete.

Die Kurse der Bildhauerschule fanden ganztägig statt und wurden hauptsächlich von Bourdelle und Desbois, gelegentlich auch von Rodin selbst, geleitet. Im Gegensatz zu den beiden anderen Bildhauern, die einem Stundenplan unterworfen waren, ließ sich Rodin vertraglich vollkommene Freiheit zusichern. Wie einige kurze, ehrfurchtsvolle Briefe Bourdelles an Rodin zeigen, wurde Rodin jeweils schriftlich gebeten – oder erinnert –, Korrektur zu erteilen. Das ›Institut Rodin‹ erfreute sich eines starken Ansturms. Schon vierzehn Tage nach Gründung der Schule äußerte Bourdelle in einem Interview, daß bereits mehr Anmeldungen vorlägen, als sie jemals zu hoffen gewagt hätten. Einen Monat nach der Eröffnung umfaßte die Schule bereits etwa dreißig Schüler beiderlei Geschlechts, von denen eine große Zahl Ausländer war. Clara Westhoff gelang es, in diese Bildhauerschule, die allerdings nur kurze Zeit bestand, aufgenommen zu werden. Über die Fortschritte der Freundin berichtete Paula Becker ihren Eltern am 13. 4. 1900:

Rodin hat eine Bildhauerschule eingerichtet, die Clara Westhoff besucht. Zwar hat sie monatlich nur ein oder zwei Korrekturen von ihm, sonst kommen seine Schüler (Bourdelle und Desbois, d. Verf.). *Aber sie ist eben ein Mensch, der überall lernt.*

Die Auseinandersetzung mit Rodins Arbeiten führte zu einem entscheidenden Wendepunkt ihrer künstlerischen Entwicklung. Für das Frühwerk Clara Westhoffs war die Formzerklüftung Rodins als Mittel einer psychologischen Ausdrucksdifferenzierung die prägendste Erfahrung, neben der alle bisherigen Einflüsse verblaßten. Clara vermied fortan alle äußere Repräsentation und konzentrierte sich völ-

ABB. 8: CLARA RILKE-WESTHOFF: HOCKENDES MÄDCHEN,
BRONZE, 1900

ABB. 9: CLARA RILKE-WESTHOFF: STEHENDES MÄDCHEN,
BRONZE, 1900

ABB. 10: CLARA RILKE-WESTHOFF: SITZENDER KNABE, BRONZE, 1900

lig auf die Darstellung der geistigen und seelischen Eigenarten ihrer Modelle. In ihren Bemühungen um einen subtilen psychologischen Ausdruck löste sie sich konsequent von Mackensens Detailnaturalismus. Die Abkehr von dessen pedantischer Wirklichkeitsnähe und das Bestreben, den Körper bzw. das Antlitz eines Menschen als Träger seines Innenlebens zu veranschaulichen, werden insbesondere in dem Porträt einer Bäuerin von 1902 *(Abb. 7)* deutlich. Die feinnervige Struktur der Oberfläche läßt das Gesicht der Dargestellten nahezu durchgeistigt erscheinen. Das ruhige, verinnerlichte Antlitz, das durch die niedergeschlagenen Augen und den weichen, geschlossenen Mund bestimmt wird und jeden Kontakt zur Außenwelt verweigert, wirkt völlig in sich gekehrt. Durch die psychologische Ausdruckssteigerung löste sich Clara hier vom realen Vorbild und gelangte über die Grenzen eines individuellen Porträts hinaus zu einer ausdrucksstarken, allgemeingültigen Aussage. Diese Allgemeingültigkeit wird auch in Claras skizzenhaft behandelten Kinderakten erreicht *(Abb. 8–10)*. Alles Physiognomische, wie die Darstellung der Gesichter, Hände und Füße, tritt im Gesamteindruck zurück. Wesentlich ist einzig die Körpersprache, die sich zu einer schlichten Gebärde stiller Versunkenheit verdichtet. Zwar sind gerade die Kinderakte sowie die nachfolgenden Werke ohne Rodins Einfluß nicht denkbar, sie verdeutlichen jedoch, daß Clara das große Vorbild Rodins in einer ganz eigenständigen Weise interpretierte. Beiden Künstlern ist die Veranschaulichung bestimmter psychologischer Momente gemeinsam. Sind Rodins Plastiken jedoch von formsprengender Emotionalität und dynamischer Leidenschaft erfüllt, so sind Clara Westhoffs Porträts und Kinderakte Verkörperungen stiller Introvertiertheit und Einsamkeit. Ihre Werke sprechen somit eine andere Sprache als Rodins Plastiken.

In Paris gehörten Clara Westhoff und Paula Becker einem Freundeskreis an, zu dem der junge Bildhauer Karl Albiker, der 1899/1900 ebenfalls bei Rodin arbeitete, der Schweizer

Tier- und Landschaftsmaler Adolf Thomann, der Maler Emil Nolde, der sich damals noch Emil Hansen nannte, sowie dessen Freundin, die Hamburger Malerin Emmi Walther, zählten. Durch Rodin angeregt, besuchte Clara häufig den Louvre, um antike Plastiken, insbesondere die Tanagra-Figuren, zu studieren. In ihrem Gedenkwort für Paula Becker erinnerte sie sich:

Auch von so manchem Zeugen alter Kultur und Weisheit wurden wir in dieser Zeit berührt, die unser Herz mit neuem Staunen und Ahnen erfüllten. Da waren die Tanagra-Figuren im Louvre, die die antike Welt so nahe an die unsere rückten, die Tiere auf den Türmen der Notre-Dame und das Blattwerk der gotischen Kapitäle, das mit den Gärten unserer Kindheit unmittelbar zusammenzuhängen schien. [5]

Die beiden Worpsweder Künstlerinnen beschäftigten sich jedoch hauptsächlich mit der zeitgenössischen Kunst. Die Werke des damals noch unbekannten Paul Cézanne, die Paula Becker voller Begeisterung für sich entdeckte, wurden für beide ein unvergeßliches Erlebnis:

Eines Tages forderte sie (Paula Becker, d. Verf.) *mich auf, sie bei einem Weg ans andere Seineufer zu begleiten, um mir dort etwas Besonderes zu zeigen. Sie führte mich zu dem Kunsthändler Vollard und begann in seinem Laden gleich – da man uns ungestört ließ –, die an die Wand gestellten Bilder umzudrehen und mit großer Sicherheit einige auszuwählen, die von einer neuen, wie es schien, Paulas Art verwandten Einfachheit waren. Es waren Bilder von Cézanne, die wir beide zum ersten Mal sahen. Wir kannten nicht einmal seinen Namen. Paula hatte ihn auf ihre Art entdeckt; und diese Entdeckung war für sie eine unerwartete Bestätigung ihres eigenen künstlerischen Suchens.*

Anfang Juni des Jahres 1900 reisten Hermine und Fritz Overbeck mit Otto Modersohn nach Paris, um dort zusammen mit Clara Westhoff und unter Paula Beckers Führung die Weltausstellung zu besuchen.

Zum Schluß der Pariser Zeit kam das Erlebnis der Bilderschau von der Jahrhundertausstellung, die uns die Malerei des 19. Jahr-

hunderts durch Anschauung kennen lehrte. Hier war es ein Genuß,
sich Paulas Führung anzuvertrauen, deren Freude über Daumier,
Corot und alle die andern auch meine Freude und mein Verständnis
förderten.

Rückkehr nach Worpswede

›*(. . .) wie gut, daß man ein Worps-*
wede kennt und besitzt!‹
(An Helene und Otto Modersohn,
18. 3. 1900, Paris)

Unerwartet traf Mitte Juni aus Worpswede die Nachricht ein, daß Helene, Modersohns Frau, die seit langer
Zeit krank war, gestorben sei, so daß die Worpsweder sofort
in die Heimat abreisten. Auch Clara schloß sich ihnen an, da
sie sich bereits vorher mit dem Gedanken getragen hatte,
nach Worpswede zurückzukehren. Das Motiv für diesen
Schritt war ihre ambivalente Haltung gegenüber dem Pariser
Großstadtleben mit seinen extremen gesellschaftlichen Ge-
gensätzen. Zwar schrieb sie im März 1900 voller Begeisterung an Helene und Otto Modersohn nach Worpswede, daß
kein Tag vergehe, an dem sie sich nicht freue, in Paris zu sein,
»die feine Kunst zu genießen, die Stadt, die Menschen und
die Natur«. Gerade in Paris wurde ihr aber auch zum erstenmal ihre starke Bindung an die norddeutsche Heimat, ihre
»große Sehnsucht« nach »Worpsweder Luft, Licht und Farben« bewußt:

(. . .) und doch höre ich durch all den Lärm und alles das Leben
immer wieder meine große Sehnsucht hindurch, und überall sehe ich
sie wieder trotz Menschen, Frühlingslüften und Kunstwerken.
(. . .) wie gut, daß man ein Worpswede kennt und besitzt. Ich
wüßte gar nicht, wie man sich durch dieses ganze Leben hier hin-
durchleben sollte, wenn man das nicht immer mit sich herumtrüge.

Plastisch schilderte sie die hektische Atmosphäre der

Stadt, das soziale Elend der Menschen, »die des Morgens aus dem Ascheneimer wühlen«, und ihre zwiespältigen Gefühle zu Paris, das sie einerseits faszinierte, andererseits abstieß:

Manchmal kommt man mit einem Grauen nach Hause, daß man gar nicht mehr um sich blicken mag. Nur nichts mehr sehen von alledem! Und dann wiederum fühlt man sich so angeregt und freudig gehoben, daß man in dieser Stadt bleiben möchte.

Um dieses Grauen zu vergessen, flüchtete sie zusammen mit Paula Becker nach Versailles, um dort die Gartenanlage und die Versailles umgebende »einfache, wilde, natürliche Natur, reich und fast berauschend in ihrer Üppigkeit«, außerhalb des Großstadtbetriebs zu genießen. Dieser tief empfundene Widerspruch zwischen städtischem und ländlichem Leben, zwischen Paris und Worpswede wurde ihr in der kargen, einsamen Heimat mit den Bauern im Moor um so bewußter:

Zunächst war es ein seltsamer Eindruck für uns, auf den langen Birkenchausseen wieder in das heimatliche Land hineinzuwandern, nach dem wir uns in der Ferne gesehnt hatten. Das Land war so ernst und so schwer, so dunkel, so schien es uns, und so ernst und schweigsam die arbeitenden Bauern, die rechts und links in den Torfstichen zu sehen waren. Fast war es, als könne alles Erlebte gar nicht wahr sein. Wir waren tief ergriffen und bewegt von diesem Unterschied zwischen unserer jetzt kärglich erscheinenden Heimat und den Eindrücken der vergangenen Monate. [6]

Den anschließenden erlebnisreichen, unbeschwerten Sommer genossen die beiden Künstlerinnen in vollen Zügen. Die durch den Pariser Aufenthalt gesteigerte Selbstsicherheit und der dort geweckte künstlerische Elan konnten zunächst nicht in künstlerische Arbeit umgesetzt werden, »dazu fehlte (. . .) noch die Möglichkeit. So kam es, daß er eines Tages einen anderen Ausdruck fand.« Im Übermut läuteten sie die Glocken der Worpswedes Zionskirche auf dem Weyerberg *(Abb. 11)*, was unvorhergesehene Folgen hatte:

Bald tauchte der weiße Bart des Küsters auf, der mit großem Er-

Abb. 11: Paula Modersohn-Becker: Clara Westhoff und Paula Becker, Glocke läutend, 1900

staunen über unseren Anblick uns nur bedeutete, hinter ihm herun-
terzusteigen. (. . .) der kleine Kirchhof war dunkel von Menschen,
die nun wissen wollten, wo es brenne. Im Hintergrunde waren schon
Pferde für den Spritzenwagen bereitgestellt. Nur mit einem flüchti-
gen Blick stellten wir erschreckend dies alles fest und entwichen
(. . .) durch das angrenzende kleine Gehölz. Mitten auf der Flucht
aber, (. . .) kehrten wir wieder um; denn weithin sichtbar kam der
Herr Pastor mit wehenden Rockschößen hinter uns her. Leider hatte
er gar kein Verständnis für den Anlaß, der uns zur Übertretung der
Ordnung verleitet hatte. Auch die Maler, die im Modersohnschen
Hause versammelt waren, hatten kein Verständnis für uns (. . .). [7]

Da die Künstlerinnen die Bußstrafe von jeweils
100,– Mark, die anstelle einer gerichtlichen Verhandlung
von dem Worpsweder Kirchenvorstand gefordert wurde,
nicht bezahlen konnten, stiftete Clara, unter Verzicht auf das
Honorar, acht geflügelte Engelsköpfe, die zuvor offenbar in
Auftrag gegeben worden waren.

In diesem Sommer des Jahres 1900 erreichte die Künstlerkolonie Worpswede ihre geistige Blütezeit. Im September
gesellten sich zwei Dichter von gegensätzlichstem Charakter
hinzu, die durch ihre literarische Tätigkeit einen wesentlichen Einfluß auf das geistige Leben der Kolonie ausübten:
der mit Otto Modersohn befreundete Carl Hauptmann, der
Bruder Gerhart Hauptmanns, und Rainer Maria Rilke, der als
Gast Heinrich Vogelers eingeladen war. Vogelers Barkenhoff wurde der Mittelpunkt eines Kreises, zu dem Paula Bek-
ker, Otto Modersohn, Clara Westhoff, Martha Schröder,
Heinrich Vogeler, Rilke, Carl Hauptmann sowie zeitweilig
Marie Bock und Paulas Schwester Milly Becker gehörten.
Zahlreiche Künstler, wie Richard Dehmel, Otto Julius Bierbaum, Alfred W. Heymel und Rudolf Alexander Schröder,
waren in Worpswede häufig zu Gast und erweiterten den
Kreis. Otto Modersohn erinnerte sich an diese Monate in
einer Tagebucheintragung vom 15. 1. 1901:

Mit wunderbarem Gefühl denke ich an das letzte Vierteljahr
September bis Dezember 1900. Ich glaube, daß ich nie eine ange-

regtere, reichere Zeit erlebt habe. Bildersehen, Kunst, Musik, Lite-
ratur, (. . .) glückliche Arbeit, alles vereinigte sich, um eine wahr-
haft ideale Zeit zu bilden.

Die Worpsweder Künstler wurden weitgehend von der
Grundidee des Jugendstils beeinflußt: dem Streben nach
einer umfassenden Einheit von Kunst und Leben, einer ge-
lebten Kunst. Die Feste, die im Sommer 1900 gefeiert und
durch Konzerte, Lesungen und Laienaufführungen berei-
chert wurden, spiegelten dieses Ideal wider. Nicht nur die
Frauen, auch die Männer kleideten sich zu diesen Anlässen
besonders festlich und wurden zu einem Bestandteil der
gehobenen Atmosphäre. Wurde das Leben schlechthin zum
Kunstwerk stilisiert, so verstand man insbesondere die in
Worpswede weilenden Frauen als Bestandteile dieser Ge-
samtchoreographie. Eine Tagebuchnotiz Rilkes vom 10. 9.
1900 verdeutlicht dies:

Und am siebenten (Tage, d. Verf.) *empfange ich im weißen Saal*
bei zwölf Kerzen, die in hohen silbernen Leuchtern stehn, die ern-
stesten Männer der Gegend und sehr schöne schlanke Mädchen in
Weiß, die, wenn ich sie bitte, Lieder spielen und singen und sich
zusammensetzen, in feinen Empirestühlen, und die vornehmsten
Bilder sind.

In Rilkes Beschreibung von Clara Westhoffs äußerer Erscheinung zeigt sich diese für die Fin-de-Siècle-Stimmung
typische Einheit von Kunst und Leben, indem er Clara zu
einem lebenden Kunstwerk stilisiert:

Als wir eben in der dunkeln Diele standen und uns aneinander
gewöhnten, kam Clara Westhoff. Sie trug ein Kleid aus weißem
Batist ohne Mieder im Empirestil. Mit kurzer, leicht unterbundener
Brust und langen glatten Falten. Um das schöne dunkle Gesicht
wehten die schwarzen, leichten hängenden Locken, die sie (. . .) lose
läßt zu beiden Wangen. – Das ganze Haus schmeichelte ihr, alles
wurde stilvoller, schien sich ihr anzupassen, und als sie oben bei der
Musik in meinem riesigen Lederstuhl lehnte, war sie Herrin unter
uns. Ich sah sie an diesem Abend wiederholt schön. Im Lauschen,
wenn die manchmal zu laute Charakteristik des Gesichtes gebunden

ist an Unbekanntes. (. . .) Sie wartet, ganz hingegeben, auf das, was sie nun erleben soll.

Der Einfluß der Worpsweder Künstler führte Rilke zur genauen Anschauung der Dinge und zur künstlerischen Präzisierung. Am 27. 9. 1900 vertraute er seinem Tagebuch an:

Mir ist, ich lerne jetzt erst Bilder schauen. Habe ich vielleicht bis jetzt doch noch manches novellistisch gesehen oder eigentlich auf seine lyrischen Eigenschaften hin, die ich manchmal (. . .) für malerische Werte genommen habe? Aber die Freude an einem Stück im Bilde, (. . .) oder an einer Stoff-Falte, die besonders fein in ihrer Umgebung steht, ward mir diesmal erst gegeben, im Verkehr mit diesen gewissenhaften und guten Malermenschen, die so unglaublich nahe zu den Bildern kommen.

Die aufgeschlossenen Worpsweder Künstler ermutigten Rilke, akzeptierten ihn als ihresgleichen und gaben ihm das Gefühl von Heimat und geistiger Gemeinschaft. Rilke, zugleich Gebender und Nehmender, empfand sich wiederum als »Rater und Helfer« der Worpsweder Künstler. Am häufigsten aber suchte Rilke die Gemeinschaft Paula Beckers und Clara Westhoffs, der »Schwestern, einer blonden und einer dunklen«, zu denen er sich in menschlicher und künstlerischer Hinsicht hingezogen fühlte. Beide Künstlerinnen inspirierten ihn und waren, wie er am 16. 9. 1900 in seinem Tagebuch festhielt, für seine Gedanken und Werke am empfänglichsten:

Wieviel lerne ich im Schauen dieser beiden Mädchen (. . .). Weil sie die Empfangendsten sind, kann ich der Gebendste sein. Mein ganzes Leben ist voll der Bilder, mit denen ich zu ihnen reden kann; alles, was ich erfahren habe, wird Ausdruck für das, was tief hinter der Erfahrung liegt.

Diesen Eindruck Rilkes bestätigte Paula Becker in einem Brief an den Dichter nach seiner Abreise nach Berlin:

Clara Westhoff und ich, wir sprachen neulich darüber, daß Sie eine lebendig gewordene Idee von uns seien, ein erfüllter Wunsch. Sie leben stark unter unserer kleinen Gemeinde. (. . .) Denn Sie werden jedem von uns zum Ereignis, und in uns lebt weiter, was Sie uns in Überfülle lautlos und sanft in die Hände legten.

Claras Plastiken und ihre Äußerungen über bildende Kunst nahm Rilke jedoch als ein aufmerksam »Lernender und Schauender« in sich auf. Sie machte Rilke erstmals mit dem Medium der Bildhauerei bekannt, berichtete ihm über ihre künstlerischen Anfänge bei Klinger in Leipzig und brachte ihm die Kunstauffassung Rodins nahe. Mit wachsendem Verständnis schilderte Rilke in seinen Tagebüchern die Atelierbesuche bei Clara in Westerwede, charakterisierte präzise ihre Plastiken sowie deren Wirkung auf ihn und gab ihre Erzählungen über Klinger und Rodin wieder. Sein Interesse an ihren Kinderakten (Abb. 8–10) bestärkte sie, ihre Arbeit fortzusetzen. Als wohltuend empfand Rilke jedoch nicht nur die künstlerische Auseinandersetzung mit Clara, sondern auch ihre menschliche Ausstrahlung und ihren jugendlichen Tatendrang:

(. . .) die Bildhauerin ist da mit ihrer ganzen dunkeln Lebhaftigkeit, die Kraft ist, und Kraft und Unmut über den Mangel an Anlaß zur Kraft.

Er hob bei der Charakterisierung ihrer Persönlichkeit die Einheit ihres Wesens und Schaffens, ihrer persönlichen Ausstrahlungskraft und ihres plastischen Œuvres hervor:

Heute trafen die Photographien von Claras kleinen Bildwerken ein. Der sitzende Knabe mit den hochgezogenen Knien überrascht mich auch jetzt wieder durch das Einfache und Große an seiner Haltung. Man kann sich ihn ganz riesig denken. Er ist durchaus Clara Westhoff; so ist alles Leise und Liebe, was sie sagt, auch: es könnte von Chorälen gesungen und von weiten Landschaften empfangen werden. Und dieses ist das Bildhauerische an ihr, es kommt ihrer Kunst entgegen und wirkt doch aus ihrem täglichen Leben heraus.

Trotz seiner engen Freundschaft zu den beiden Künstlerinnen und entgegen seinem ursprünglichen Plan, den Winter in Worpswede zu verbringen, reiste Rilke ganz plötzlich am 5. Oktober 1900 nach Berlin ab.

Ehe mit Rilke

›*Und die wundervolle, hohe, fliegende*
Clara Westhoff ist still geworden.‹
(Carl Hauptmann an Otto
Modersohn, 31. 3. 1902)

Im Januar 1901 besuchte Clara Westhoff ihre Freundin Paula Becker, die sich auf Wunsch des Vaters in Berlin durch den Besuch einer Kochschule auf ihre Ehe mit Otto Modersohn vorbereiten mußte. Dort traf Clara auch Rilke wieder.

Als sie am 15. Februar Berlin verließ, schrieb ihr Rilke euphorisch:

Hinter allem bin ich ruhig (. . .) so ernst heute, getröstet von etwas, in allen meinen alten Bangigkeiten (. . .) Gib mir Kraft zu alledem, was jetzt getan werden muß (. . .) Du Anfängerin meiner Freuden! Du Erste! Du Ewige!

Clara bat ihn, unmittelbar nach ihrer Abreise, um eine Aussprache in Westerwede, bei der sie sich vermutlich zur Heirat entschlossen. Von einem befreundeten Berliner Buchhändler lieh sich Rilke fünfzig Mark für die Reise und kündigt sein Kommen am 18. 2. 1901 voller Ungeduld an:

Ich sehe nicht zurück und laufe zu Dir, wie ein Füllen hinaus läuft zur kühlen nächtlichen Weide. Mit fliegender Mähne und gestrecktem Hals (. . .)

In ihrem Glück wandten sich beide an die gemeinsame Freundin Paula. Rilke voller Andeutungen:

(. . .) das Leben ist ernst, aber voll Güte (. . .). Vor mir liegt so viel. Sie werden bald hören, was alles!

Und Clara überschwenglicher und deutlicher an Paula:

Woran denken Mädchen am Morgen nach ihrer Hochzeit? – Woran dachte ich wohl an jenem Herbstmorgen, als die Sonne schien und ich immer lächeln mußte? – Vielleicht ist es das, daß etwas gewesen war, welches nun für alle Ewigkeit wunderbar blieb.

Abb. 12: Clara Rilke-Westhoff mit Tochter Ruth, 1902

Mitte März hielten sich beide bei Claras Eltern in Berlin auf, wo am 28. April 1901 die Trauung stattfand. Ihre »Flitterwochen« verbrachten sie im Sanatorium ›Weißer Hirsch‹ bei Dresden. Dort erholte sich Rilke von einer Scharlach-Erkrankung. Ende Mai bezogen beide ein Bauernhaus in Westerwede, in dem am 12. Dezember 1901 die Tochter Ruth zur Welt kam *(Abb. 12)*.

Diese Ehe wurde von den Biographen Rilkes häufig als Bagatelle behandelt, als ein Ereignis, das bei Rilke keine entscheidenden Veränderungen ausgelöst hätte. Die neueste Forschung hingegen neigt zu der Annahme, daß das Erlebnis der Ehe und Vaterschaft sowie die kurze Zeit des gemeinsamen Hausstandes prägenden Einfluß auf Rilke ausgeübt haben. Einschneidender als für Rilke war die Ehe jedoch für Clara. Finanzielle Schwierigkeiten und die Bemühung der Rilkes, in Westerwede eine bürgerliche Existenz aufzubauen, sowie die Sorge um Ruth, die zwischen ihrer Mutter und Großmutter hin und her geschoben wurde, führten zu einer gewissen Abkapselung des Paares, vor allem Claras, von den Worpsweder Freunden. Die Sorge um das Kind lag weitgehend auf ihren Schultern. Rilke fühlte sich für seine Tochter Ruth, die er in seinen Briefen häufig nur »das kleine Mädchen« nannte und damit seiner Beziehungslosigkeit zu der Tochter Ausdruck verlieh, nur selten verantwortlich. So fragte er sich am 14. 9. 1911 beispielsweise zerstreut, gerade so »als sei das Leben der Tochter ein Fortsetzungsroman«[8]:

Wird man eine Schule finden oder einen Menschen, der sich des lieben Wesens annimmt?

Clara beklagte sich nie über Rilkes Auffassung von der Ehe, sondern verhielt sich nach außen hin ihm gegenüber solidarisch. Als ihr Lou Andreas-Salomé, mit der sie sich Anfang 1906, während Rilkes Vortragsreise in Berlin, angefreundet hatte, zu verstehen gab, daß Rilke kein Recht habe, »unter Pflichten zu wählen und sich den nächstliegenden und den natürlichen«, der Sorge um seine Familie, »zu entziehen«, wies sie diese Vorwürfe zurück, die sie jedoch insgeheim für berechtigt hielt.

Im gleichen Jahr fanden in Worpswede zwei weitere Hochzeiten statt: Heinrich Vogeler heiratete Martha Schröder und Paula Becker den Maler Otto Modersohn. Nach der Heirat änderten die Rilkes ihr Verhalten gegenüber dem Freundeskreis. Rilkes Arbeitsweise in völliger Abgeschiedenheit und Zurückgezogenheit sowie die ständigen finanziellen Probleme des Paares führten zu einer zeitweiligen Entfremdung zwischen den Rilkes und den Worpsweder Künstlern. Besonders Paula Modersohn-Becker beklagte in ihrem Tagebuch vom 22. 10. 1901 den Rückzug ihrer besten Freundin und Vertrauten:

Clara Westhoff hat nun einen Mann. Ich scheine zu ihrem Leben nicht mehr zu gehören. (. . .) Ich sehne mich eigentlich danach, daß sie noch zu meinem gehöre, denn es war schön mit ihr.

In einem nachträglichen Geburtstagsbrief an Paula, der in stilistischer wie inhaltlicher Hinsicht ihre Anpassung an Rilke bezeugt, rechtfertigte Clara am 9. 2. 1902 ihre Absonderung von der Freundin:

Ich bin (. . .) so sehr ans Haus gebunden, daß ich nicht, wie früher, mich einfach aufsetzen kann und fortradeln. Ich kann nicht mehr wie früher mein ganzes »Um und Auf« auf den Rücken nehmen, um es in eine andere Häuslichkeit zu tragen und mein Leben dort für eine Weile weiterzuführen – sondern ich habe es jetzt Alles um mich, was ich sonst draußen suchte, habe ein Haus, das gebaut werden muß (. . .). Alle Bausteine müssen im Hause bleiben, wenn es fest werden soll, und dürfen nicht fortgetragen werden da und dorthin.

Am schmerzlichsten war für Paula die auffällige Veränderung der einst so vitalen und unkonventionellen Freundin, so daß sie ihr am 10. 2. 1902 vorwarf, ihre Persönlichkeit für ihren Mann aufgegeben zu haben:

Aus Ihren Worten spricht Rilke zu stark und zu flammend. Fordert das denn die Liebe, daß man werde wie der andere? Nein und tausendfach nein. (. . .) Ich weiß wenig von Ihnen beiden, doch wie mir scheint, haben Sie viel von Ihrem alten Selbst abgelegt und als Mantel gebreitet, auf daß Ihr König darüber schreite. Ich möchte für Sie, für die Welt, für die Kunst und auch für mich, daß Sie den güldenen Mantel wieder trügen. Lieber Rainer Maria Rilke, ich hetze gegen Sie. Und ich glaube es ist nötig, daß ich gegen Sie hetze. Und ich möchte mit tausend Zungen der Liebe gegen Sie hetzen, gegen Sie und gegen Ihre schönen bunten Siegel, die Sie nicht nur auf Ihre feingeschriebenen Briefe drücken.

Rilke, der Paulas Brief postwendend aus Bremen beantwortete, wies alle Vorwürfe zurück und gab ihr selbst die Schuld an der Entfremdung, da sie nicht in der Lage sei, zu erkennen, daß »Liebe und Freundschaft (. . .) fortwährend Gelegenheiten zu Einsamkeit« geben müßten und sie diese nicht stören dürfe. Er warf ihr vor, die Veränderungen in Claras Leben nicht nachvollziehen zu wollen:

Wenn Ihre Liebe wachsam geblieben ist, dann hat sie sehen müssen, daß die Erlebnisse, welche zu Clara Westhoff kamen, eben dadurch ihren Wert erhielten, daß sie mit dem Innern des Hauses, in welchem die Zukunft uns finden soll, sich eng und unlösbar verbanden: wir mußten alles Holz auf unserem eigenen Herd verbrennen, um unser Haus erst mal auszuwärmen und wohnlich zu machen.

Als Begründung für den Rückzug von den Freunden führte Rilke die Sorgen um den Lebensunterhalt an:

Muß ich es Ihnen erst sagen, daß wir Sorgen hatten, schwere und bange Sorgen, die ebenso nicht hinausgetragen werden durften wie die wenigen Stunden tiefen Glückes?

Die »Schwerpunkte« in Claras Leben hätten sich dadurch verschoben, und Paula wäre fortwährend enttäuscht, wenn sie das »alte Verhältnis« suchen würde. Rilke tröstete sie jedoch gleichzeitig mit dem Hinweis auf eine neue Westhoff:

(. . .) aber warum freuen Sie sich nicht auf das Neue, das beginnen wird, wenn Clara Westhoffs neue Einsamkeit einmal die Tore auftut, um Sie zu empfangen?

Während Paula Modersohn-Becker kritisierte, daß Clara ihre eigene Persönlichkeit aufgegeben und sich Rilke unterworfen habe, rechtfertigte Rilke diese Veränderung mit den neuen Lebensumständen, die nach Einsamkeit verlangten. Er betonte, daß seine Frau nach ihrer Metamorphose in völliger Abgeschlossenheit die Beziehung mit Paula auf höherer Ebene wieder aufnehmen werde. Implizit sprach Rilke damit aus, daß er selbst das auslösende Moment dieser neuen Läuterung Clara Rilke-Westhoffs war. Es wäre verwunderlich, wenn der scharfsinnige Beobachter Rilke die von Paula Modersohn-Becker beschriebenen Veränderungen im Wesen seiner Frau nicht erkannt und sogar gefördert hätte. Die »neue« Clara Westhoff, die nach Rilke in der Einsamkeit entstehen würde, war deshalb ohne seinen prägenden Einfluß nicht denkbar. Jahre später sah er sein Verhältnis zu ihr jedoch völlig anders und behauptete, er hätte eine willensstarke, selbständige Frau gesucht und statt dessen eine Jüngerin gefunden, die ihn nachgeahmt und ihre Persönlichkeit aufgegeben hätte:

Es ist in Clara sehr viel vom Mädchen, darum immer wieder sehr viel Sehnsucht danach, ein Frauen-Leben zu haben, und doch, wo sie sich unterwirft, da ist sie sofort mehr Jünger als Frau, mehr Schüler und Anhänger, und das nicht im stärksten Sinn, sondern eher in dem des Aufgebens und der Nachahmung. Darum glaube ich nicht, daß sie jemandem als Frau würde haben zur Seite stehen können: sie wird in der Hingabe an ein anderes Leben nicht stark, sondern nachgiebig, spiegelt, anstatt ein Gegenspiel zu bilden (. . .). Daß sie freilich an mich geriet, ist besonders schwer: da ich weder der Künstlerin in ihr noch dem, was sich nach einem Frauendasein drängt, recht günstig zu sein vermochte.

In diesem Punkte bestätigte er zwar Paulas Kritik an Clara, ohne jedoch wie diese zu erkennen, daß er selbst seine Frau umgeformt und beeinflußt hatte und somit die eigentliche Ursache für ihre Veränderung war. Wenn er in seinem Brief an Lou Andreas-Salomé vom 7. 2. 1912 klagte, Clara wäre kein adäquater Gegenpart für ihn gewesen, so unterschlug er bewußt seinen eigenen Anteil an dieser Konstellation und gab statt dessen einzig seiner Frau die Schuld am Scheitern der Ehe:

Allmählich (. . .) begriff ich, warum nichts Wirkliches aus uns nebeneinander werden konnte: weil sie entweder Ich war mit allen Kräften und dann zuviel für mich, oder mein Contre-Ich, und dann natürlich ein Advocatus diaboli, ein blasser Umkehrer und Opponent ohne Ende, ohne persönlichen Hintergrund. Was sie dabei mag gelitten haben, ist kaum alles ausfindig zu machen, jedenfalls war's für uns beide umsonst und aussichtslos.

Clara Rilke-Westhoff versuchte später die Krise, die zu der Entfremdung zwischen den beiden Freundinnen führte, zu idealisieren, indem sie die eigentlichen Gründe verschwieg. Ihre Persönlichkeitsveränderung spielte sie vielmehr als einen vorübergehenden Ausdruck des Wandels von der unbeschwerten Mädchenzeit zum Frauendasein herunter:

Vielleicht fängt hier, vielleicht etwas später die Zeit an, die unsere Entwicklung nicht in so schönem Gleichklang weitergehen ließ. Entwicklungen lassen sich nicht gemeinsam durchmachen. Heute will es mir scheinen, als sei unser Weg, mehr als wir wußten, der gleiche gewesen, der nur dem zeitlich nahen Blick nicht so deutlich erkennbar war. Wurden nicht vielleicht auf beiden Seiten die Fahnen des jugendlichen Schwärmens hereingenommen und eine ernstere Arbeit begonnen?[9]

Auch andere Freunde Claras stellten nach ihrer Heirat eine Veränderung ihres Wesens fest. So beklagte Otto Modersohn in einer Tagebucheintragung vom 30. 10. 1901:

Gestern abend mit Paula bei Rilkes (. . .). Wie ist seine Frau in dieser kurzen Zeit ins Gegenteil verwandelt (. . .). Wo sie vor einem Jahr tollte, in ihrem einfachen bäuerlichen Kram saß, zwanglos und ungeschlacht – da sitzt sie nun, ein Vogel, dem man die Flügel geschnitten, in einem übermäßig ordentlichen Zimmer, wo man die Gegenstände alle blank, kahl sofort zählen kann.

Heinrich Vogeler verurteilte das Verhalten Rilkes, der seine Frau in eine ihrem Wesen widersprechende einsame

Daseinsform zwänge. Er warf ihm vor, ihr Leben »zur ewigen Weihestunde« zu machen, ihren »lebensfrohen, freien, offenen Charakter« zu verändern und die »natürlichen, einfachen Gefühle dieser stark veranlagten Frau« zu verschütten:

Dem frohen und freien Grundsatz ihres Charakters hatten sich nun, als Frau des Dichters Rilke, der ihre Freiheit einmauerte, wesensfremde Formen aufgeprägt.

Erkundigte sich Carl Hauptmann im September 1901 noch nach der »heiter stürmende(n) Clara Westhoff« und grüßte kurz nach deren Vermählung die »wunderbar lebenatmende, siegende Frau Rilke und ihn, diese wandelnde Stimme aus den Lüften und aus Auen (. . .)«, so bemerkte er bereits ein knappes Jahr nach der Heirat der Bildhauerin voller Sorge:

(. . .) und die wundervolle, hohe, fliegende Clara Westhoff ist still geworden und saust nicht mehr einher wie ein Sturmwind – (. . .). Nein, das kann ja nicht sein. Oder wenigstens nicht so bleiben.

Die Reaktionen der Freunde waren demnach eindeutig negativ. Die Dominanz Rilkes wurde als destruktiv und ihr wesensfremd empfunden.

Die finanziellen Sorgen drohten sich nicht nur lähmend auf die Schaffenskraft der beiden Künstler auszuwirken, sondern stellten auch die eheliche Gemeinschaft in Frage. Bereits drei Wochen nach der Geburt seiner Tochter Ruth mußte sich Rilke mit dem Gedanken vertraut machen, den gemeinsamen Haushalt wieder aufzulösen. Deprimiert teilte er dem Herausgeber der Zeitschrift ›Der Lotse‹ mit:

(. . .) denken Sie sich einen einsamen Menschen, der, heimatlos, endlich ein Haus im großen Moor hat, eine liebe und ernste Frau und (seit Mitte Dezember) eine kleine Tochter, Ruth, – der also alles hat, was vor der Welt schützt, Stücke, aus denen eine eigene, unabhängige Welt von selbst entsteht – wenn man nur zwischen und mit ihnen wachsen und wohnen darf. Aber gerade in dem Au-

genblick, wo die größere Wirklichkeit um mich her mich beruhigt und mein Leben geräumiger macht, zu Sammlung und zu vertiefter Arbeit tüchtiger, gerade da stellt es sich förmlich höhnisch heraus, daß ich alles Gewonnene und Liebe nur gewann, um es zu verlassen, daß ich, weil ich von meinen Arbeiten doch nicht leben kann (selbst nicht bei den billigen Bedingungen des entlegenen Dorfes und bei aller äußeren Anspruchslosigkeit unseres Lebens), irgendwo hingehen muß, verdienen (. . .).

Rilke versuchte, den Lebensunterhalt für sich und seine Familie durch zahlreiche Rezensionen, Theaterkritiken und Essays über Kunst, insbesondere für das ›Bremer Tageblatt‹, zu sichern. Wie groß die materielle Not des Paares war, vermittelt Rilkes Schreiben vom 8. 1. 1902 an Gustav Pauli, den Direktor der Bremer Kunsthalle:

Wenn es mir gelänge, jährlich eine Reihe von Vorträgen zu halten, und meine Frau die Schule übernähme, vielleicht wäre es dann ja möglich, die ersten schlimmsten Jahre zu überstehen, indem jeder von seinem Verdienst leben könnte. Bei den billigen Bedingungen unseres Bauernhauses und den geringen Bedürfnissen, die wir beide haben, genügte uns zusammen ein Einkommen von etwa 250 Mark monatlich, so daß jeder etwa 125 Mark erwerben müßte. Sollte das nicht irgendwie möglich sein?

Rilkes vielfältige Bemühungen um Arbeit blieben nicht ganz ohne Erfolg: Durch Vermittlung Gustav Paulis erhielt er im Januar 1902 den Auftrag, für den Verlag Velhagen & Klasing eine Monographie über Worpswede zu schreiben, die im Mai 1902 beendet wurde. In Paulis Auftrag verfaßte er zudem eine Festspielszene zur »Einweihung der Kunsthalle« Bremen, die im Anschluß an die ebenfalls von ihm einstudierte Aufführung von Maeterlincks ›Schwester Beatrix‹ gesprochen wurde. Auch Clara Rilke-Westhoff versuchte, wenn auch vergeblich, verschiedene Projekte zu verwirklichen. Zunächst bat sie Otto Modersohn, ihr einige Privatschüler zu vermitteln, da sie Geld benötige. Ihr ursprünglicher Plan, im Sommer 1902 eine Schule in den Räumen der Bremer Kunsthalle einzurichten, scheiterte, obwohl ihr Gustav Pauli zunächst ein Atelier zugesagt hatte. Vierunddreißig Jahre später befürwortete sie rückblickend diese zunächst negativ erscheinende Absage:

Ich erinnere mich jedenfalls noch sehr genau daran, daß wir Sie im Herbst 1901 besuchten und darüber sprachen, wie es sich machen ließe, für mich in Bremen Unterricht zu geben. Und Sie waren so nett, einfach zu sagen, das wäre jetzt nichts für mich – was das einzig Richtige war und mir sehr wohl tat, so daß ich's nie vergessen habe. Denn man war ja zu unbedarft allen Lebens- und Kunstfragen gegenüber – so daß man nicht genug dankbar sein kann – jetzt – langsam etwas einsichtiger zu werden.

Im Juli 1902 fragte Rilke, der sich zeit seines Lebens für Clara einsetzte und ihr durch seine Beziehungen zu Aufträgen verhalf, den aus Dänemark stammenden Verleger Axel Juncker nach Arbeitsmöglichkeiten für seine Frau in Kopenhagen. Clara gab diesen Plan jedoch bald wieder auf, vermutlich entmutigt durch Junckers Antwort vom 9. 8. 1902:

(. . .) nur von irgendwelchem Verkauf dürfen Sie sich nie dort etwas erwarten. Bildende Kunst wird in Kopenhagen jämmerlich bezahlt, und die Künstler sind alle materiell arm (. . .).

Sämtliche Aktivitäten, die das Ehepaar Rilke unternahm, dienten dazu, die schwierige finanzielle Situation zu verbessern. Als ein Glücksfall erwies sich der Auftrag des Breslauer Kunsthistorikers Richard Muther an Rilke, eine Monographie über Auguste Rodin zu schreiben. Rilke begann daraufhin eine Korrespondenz mit Rodin, ehe er Ende August 1902 nach Paris fuhr. In einem Schreiben vom 28. 6. 1902, in dem er den Bildhauer um Material für seine Monographie bat, erinnerte er an das Anliegen seiner Frau:

Sie sandte Ihnen (vor zwei Monaten) Proben ihrer neuen Arbeiten sowie einen Brief, der ihr sehr am Herzen lag, und wartet jetzt (. . .) angstvoll und ungeduldig (. . .) auf ein einziges Wort von Ihnen, auf Ihre Ratschläge, die so wichtig sind und über ihre Zukunft entscheiden werden (. . .).

Bereits im April 1902 hatte Clara Rilke-Westhoff versucht, die Beziehung zu Rodin wieder aufzunehmen, und schickte ihm, mit der Bitte um eine Beurteilung, einige Fotografien ihrer Werke. Rodin, der Rilkes Schreiben postwendend beantwortete, äußerte sich über ihre Arbeiten zustimmend, was Clara ermutigte, nun konkretere Fragen über Studien- und Arbeitsmöglichkeiten in Paris zu stellen. Rilke ließ ihre Vorstellungen in einen seiner Briefe an Rodin einfließen:

Sie denkt daran, sich in Paris niederzulassen, im Herbst, für mehrere Jahre. Aber diesen Schritt (durch den sie sehr viel aufgeben müßte) wagt sie nicht zu tun, ohne zuvor gefragt zu haben, ob Sie ihm zustimmen! Die Worte, die Sie mir über ihre Arbeit geschrieben haben, diese Worte, die eine ernste und gerechte Ermutigung bedeuten, lassen sie hoffen, daß sie's in Paris durch intensive Arbeit vielleicht dahin bringen könnte, eines Tages Ihre würdige Schülerin zu werden, und das ersehnt sie mit allen Kräften. (. . .) Wir können nicht anders, als Sie zu bitten, uns ein einziges Wort über diese Frage zu schreiben.

Trotz der lobenden Worte Rodins und der Aussicht auf eine erneute Zusammenarbeit mit ihm verfolgte sie noch andere Pläne. Rilke bat den Direktor der Hamburger Kunsthalle, Alfred Lichtwark, in Claras Namen um ein Reisestipendium nach Rom. Nachdem dieser Plan scheiterte, bewarb sie sich, ohne große Aussichten, beim Bremer Senat um zwei Stipendien und brachte dadurch einiges ins Rollen: Der Senator Ehmck berichtete als Mitglied der Stipendiumsverwaltung dem Senat von Claras Gesuch und beantragte wegen geringer Mittel »bis auf weiteres zu den Senatsstipendien nur männliche Bewerber zuzulassen«. Wenn sein Antrag auch von der Mehrheit des Senats, der sich dafür aussprach, »die Frage der Bewerbung von Frauen um Senatsstipendien in suspensu zu halten«, abgelehnt wurde, so zeigt sich in diesem Vorgang, daß die Zeitumstände ganz allgemein für die Vergabe von Stipendien an Frauen sehr ungünstig waren. Wie zu erwarten, wurde Claras Gesuch nicht bewilligt.

ABB. 13: CLARA RILKE-WESTHOFF: STEHENDE BÄUERIN MIT KIND,
BRONZE, ZW. 1903 UND 1907

Trotz aller Widrigkeiten der Lebensverhältnisse war die kurze Westerweder Zeit für Clara doch künstlerisch ertragreich: Neben einer großen Anzahl von Zeichnungen entstanden zahlreiche Künstlerbildnisse, u. a. von Marie Bock, Martha und Heinrich Vogeler oder von Rilke. Stilistisch wurde nun der Einfluß Rodins in der belebten Oberflächenbehandlung deutlich, die ein reiches Spiel von Licht und Schatten ermöglicht. Inhaltlich blieb Clara zunächst noch dem Worpsweder Themenkreis verbunden, dem das Porträt einer Bäuerin (Abb. 7) oder die Darstellung einer stehenden Bäuerin mit Kind *(Abb. 13)* angehören. In dieser Gruppe kommen zwar die für Worpswede typische bürgerliche Idealisierung und Verklärung des Landlebens zum Ausdruck, Clara vermied jedoch, im Gegensatz zu Mackensen und Meunier, eine religiöse Überhöhung, die Assoziationen zur Madonnenikonographie entstehen läßt, und erreichte eine von allen Vorbildern losgelöste, eigenständige Monumentalität der Gruppe.

Am 26. August 1902 reiste Rilke nach Paris, während Clara zu einem späteren Zeitpunkt nachfolgen sollte:

Unsere Mooreinsamkeit, die den Malern so viel Farben bietet (. . .) hilft ihr nicht weiter. Sie muß nach Paris, wo sie das Glück haben wird, unter Rodins Rat zu arbeiten.

Seiner noch zögernden Frau schrieb er Ende August selbstbezogen und zuversichtlich:

Du mußt herkommen . . . ein stilles Atelier haben, nichts sonst, und irgendwo eine nicht zu gemütliche Schlafkammer in der Nähe . . . Wir müssen aufhören, schwach und weich zu sein, und das Leben von vorn beginnen . . . Wir haben ein Leben um uns eingerichtet, große Umstände gemacht, und das Resultat war, daß man müde von allen Einrichtungen in den schönen Zimmern saß und nicht mehr wußte, was man wollte. Laß uns jetzt keine Vorbereitungen machen und gleich arbeiten. Das vergangene gemeinsame Jahr sei ein wesentlicher Teil ihres Lebens gewesen, »wir haben die schönsten Schönheiten gesehen, die das Leben zu geben hat«;

doch bliebe ihr Ziel, »alles, alles an die Kunst zu geben, nichts an das Leben, das uns immer traurig und trübe macht«.

Das unsichere Leben, das Clara in Paris erwartete, zwang sie dazu, ihre kleine Tochter bei ihren Eltern in Oberneuland zurückzulassen:

Natürlich wollte sie unsere liebe Ruth mitnehmen; ein Gedanke an Trennung von ihrem Kinde kam ihr nie. Aber allmählich, bei ruhiger Überlegung, stand eine Unmöglichkeit nach der anderen auf. Wir hatten ohnehin viele kleine Sorgen und Bangnisse, nun kam noch diese große Sorge hinzu. Meine Frau wird in Paris mit sehr wenig Geld leben müssen und wird sich selbst manche Entbehrung auferlegen, um die Modelle bezahlen zu können. Ich kann ihr nicht helfen; meine Bücher und meine Dramen tragen nichts (. . .) Sie wird nur ein kleines Atelier mieten können, und wie soll es da mit dem Kinde sein?

Clara blieb zunächst allein zurück, um den Haushalt aufzulösen und die Tochter nach Oberneuland zu bringen. Rilke wußte darüber am 18. 10. 1902 aus Paris zu berichten:

In Westerwede war große Auktion, alles ist unter den Hammer gekommen. Wir haben alles verkauft, nur unsre liebsten Sachen (Bilder, Bücher, Möbel) behalten, die nun zum Teil in Oberneuland zum Teil bei Heinrich Vogeler wohnen (. . .). Wir werden nicht so bald ein Heim haben wieder.

Einzig Heinrich und Martha Vogeler, an deren Hilfsbereitschaft Rilke auch weiterhin aus der Ferne appellierte, halfen der Bildhauerin bei dieser schweren Aufgabe:

Ich höre (Clara Westhoff schreibt es mir): – Sie beide sind gut zu ihr, helfen ihr, tun ihr wohl. – Gott, Sie wissen ja, was das mit uns geworden ist. Sie sehen, wie alles, was wir versucht haben, mißlungen ist. (. . .) Sie wissen Alles. So muß ich Ihnen auch nicht sagen, wie lieb, gut und wichtig alles Hilfreiche ist, was Sie jetzt tun. Bitte, bitte Sie beide: raten Sie Clara Westhoff, und helfen Sie ihr mit Ihrem Dasein und Beistehn in den Tagen, wenn sie anfangen wird, ohne unsere liebe Ruth, im zerstörten Haus zu wohnen.

Wie alptraumartig diese Situation für sie gewesen sein

muß, vermittelt eine bestürzte Tagebuchnotiz Otto Modersohns vom 15. 9. 1902 am eindrucksvollsten:

*Heute morgen traf ich Frau Rilke. Wie düster, wie ein schlimmes
Buch wirkte deren Erzählung auf mich und Paula. (. . .) Er in Paris bei Rodin – sie geht in vierzehn Tagen; wenn sie Geld hat. Kind
zu den Eltern in Oberneuland. Zukunft ganz ungewiß. Haus bis
zum Frühjahr vermieten, dann kündigen sie. Möbel wollen sie ver-
kaufen z. T. (. . .)*

Ruhelose Wanderjahre 1902–1906

›*Wie schrecklich. Erst zu heiraten,
Kind zu haben und dann an den brot-
bringenden Beruf zu denken. Immer in
Not zu sitzen.*‹
(Otto Modersohn, Tagebuch,
15. 9. 1902)

Anfang Oktober 1902 hatte Clara Rilke-Westhoff den
Westerweder Haushalt aufgelöst und folgte Rainer Maria Rilke nach Paris, um, wie beabsichtigt, ihre Studien bei
Rodin wieder aufzunehmen. In Paris bezog sie zusammen
mit Rilke eine Wohnung in der 3, Rue de l'Abbé de l'Epée
und richtete sich in der 1, Rue Leclerc ein eigenes Atelier ein.
Das gemeinsame häusliche Leben war durch einen rigiden
Arbeitsplan gekennzeichnet, der für gemeinsame Unterneh-
mungen nur an Sonntagen Zeit ließ, an denen sie den Louvre
oder das Palais Luxembourg besuchten. Diese Vereinbarung
des getrennten Arbeitens ging zweifellos auf Rilkes extreme
Auffassung zurück, jeder müsse »in seiner Arbeit den Mittelpunkt seines Lebens finden und von dort aus strahlenför-
mig wachsen können (. . .)«. Dabei dürfe »ihm kein Zweiter
zusehen und gerade der Nächste und Liebste nicht«.

Während sich Rilke intensiv mit Rodins Biographie beschäftigte und sich deshalb häufig in dessen »Villa des Bril-

lants« im Vorort Meudon aufhielt, stürzte sich Clara unmittelbar nach ihrer Ankunft intensiv in ihre Arbeit:

Meine Frau ist nun auch hier, hat ein Atelier, arbeitet, ohne aufzuschauen.

Mit Rodin traf sie die Vereinbarung, daß sie regelmäßig in seinem Atelier in der Rue de l'Université Korrekturen erhielt:

Heute, obgleich es Samstag ist, werden wir's nicht versuchen, Sie im Atelier (. . .) zu sehen (. . .): meine Frau möchte an Samstagen Ihr Atelier nur betreten, wenn sie Ihnen etwas mitbringen kann, ein von ihren Händen Geschaffenes (. . .).

Die regelmäßigen Besuche bei Rodin und dessen hilfreiche Anregungen trieben ihr Schaffen unermüdlich an. Rilke empfand diesen Schaffensdrang als Ausdruck zunehmender Sicherheit:

(. . .) sie hat nun schon seit Monaten ein Atelier, wo sie alle ihre Tage verbringt bis zur Dämmerung, immer am Werke, das langsam aufwächst und von dem ihr als Ruhe wiederkehrt alles, was sie als Bangheit und Beschwerde daran setzt (. . .). Die Nähe Rodins, die sie nicht verwirrt, gibt ihrem Versuchen und Werden und Wachsen eine gewisse Sicherheit und Stille – und es erweist sich als gut für sie, in Paris zu sein; das Leben hat seine Form gefunden, es hat viele gleichmäßige Alltage, und seine Feiertage sind bezeichnet durch die Briefe, die uns von unserem lieben Kind erzählen (. . .).

Trotz dieser in Paris wiedergefundenen Schaffenskraft war Claras Alltag weiterhin gekennzeichnet durch die Unsicherheit ihrer finanziellen Lage, der ständigen Suche nach Auftragsarbeiten und der Sorge um die in Deutschland zurückgelassene kleine Tochter. Befreiung von all diesen Zwängen fand sie in ihren Besuchen in Meudon:

Wenn ich daran denke, wie es einem zumute war, wenn man aus Paris hinausfuhr und in Meudon ankam (. . .), so kann ich mir noch das befreite Gefühl heraufrufen, sich von allem umgeben zu fühlen, was wohltat. Die schönen Figuren und Bruchstücke standen neben einem im Gras oder vor dem Himmel, der grüne Rasen lud wie zu Kinderspielen ein, und inmitten eines sanften kleinen Tales stand ein antiker Torso in der Sonne.

Zu Paula Modersohn-Becker, die sich zur selben Zeit in Paris aufhielt, war der Kontakt nur lose. Clara rechtfertigte diese Distanz in ihrem Brief vom 4. 2. 1903 mit ihrer intensiven Arbeit:

Ich bin in der Arbeit jetzt – nicht in einer großen, die große und kühne Dinge tut, sondern in einer kleinen, mühsamen, täglichen, die langsam, aber Schritt für Schritt geht, die allen täglichen Mut, Gedanken und Kräfte braucht. Und darum muß ich sie alle sammeln und um mich haben und jeden Augenblick am Werke. – Il faut toujours travailler – Dieses toujours, das ist es, was ich lerne, aber es braucht alle Gedanken, fast noch mehr als die Hände –.

Wie bereits in Worpswede, war die lebenslustige Paula Modersohn-Becker von ihrer Freundin enttäuscht:

Da Rodin zu Rilkes gesagt hat: ›Travailler, toujours travailler‹, nehmen sie das wörtlich, wollen sonntags nicht mehr aufs Land gehen, sich scheinbar nicht mehr ihres Lebens überhaupt freuen.

Resultate dieses »toujours travailler« waren zahlreiche Zeichnungen sowie die im Winter 1902/03 entstandene Tonbüste der mit Clara befreundeten polnischen Malerin Marie Czajkowska. Clara erntete für diese im Ausdruck stille und introvertierte Darstellung große Anerkennung. So bat Rilke am 23. 6. 1903 Rodin im Namen seiner Frau um einen Besuch in ihrem Atelier und erwähnte eine »Frauenbüste«, die Clara gerade beendet habe und die Rodin unbedingt sehen müsse. Es konnte sich bei diesem Werk nur um die Büste der Czajkowska handeln. Rodin muß insbesondere dieses Porträt sehr geschätzt haben, denn er veranlaßte, daß der bekannte Fotograf E. Druet zahlreiche Aufnahmen machte, von denen sich einige heute noch im Rodin-Museum in Paris befinden. Clara Rilke-Westhoff beschäftigte sich in dieser Zeit mit den unterschiedlichsten Themen. So schuf sie, neben zahlreichen, überzeugenden Porträts, erstmals einige Torsi. Paula erwähnte eine dieser heute verschollenen Arbeiten in ihrem Brief vom 17. 2. 1903 an Otto Modersohn:

Clara Rilke steht aber tief drin in ihrer Arbeit und müht sich sehr, ihrer Kunst von allen Seiten näherzukommen. Ich besuchte sie neulich in ihrem Atelier, wo sie mit großer Feinfühligkeit einen kleinen Mädchendaumen arbeitete.

Sicherlich wurde sie durch Rodins Vorbild dazu angeregt, denn er riet seinen Schülern immer wieder, sich insbesondere in der Darstellung von Händen zu üben, die er als ideale Studiengegenstände schätzte. Abgesehen von seinen symbolischen Darstellungen, schuf er zahlreiche naturalistische Hände, um ihre Ausdruckskraft und ihren Charakter zu bestimmen.

Nach wie vor blieb Clara jedoch der bäuerlichen Thematik treu, der die Bäuerin mit Kind (Abb. 13) angehört. Clara verzichtete, wie bereits in ihren Kinderakten, auf die Darstellung physiognomischer Besonderheiten und individueller, porträthafter Züge; alles Unwesentliche, Anekdotische oder Zeitgebundene wird vermieden. So sind die Gesichter, Hände und Füße der Figuren nur summarisch, in weichverschwommener Modellierung, angedeutet. Clara löste sich in dieser Arbeit vom realen Naturvorbild und entwickkelte ein Gefühl für formale Geschlossenheit und Einfachheit.

Überschattet wurde der Aufenthalt in Paris durch den schlechten Gesundheitszustand Rilkes, der unter heftigen Influenza-Anfällen litt. Zudem wurde das Paar bald mit den Schattenseiten von Paris, wo »Armsein und Untergehen so ähnlich sind«, konfrontiert, so daß sich in Rilke der Wunsch verstärkte, einen Ortswechsel vorzunehmen. Zur Besserung seiner Gesundheit reiste er am 19. März 1903 allein nach Italien, wo er sich vom 22. März bis 28. April in Viareggio aufhielt. Clara Rilke-Westhoff blieb in Paris zurück, um ihre Auftragsarbeiten zu beenden. Unmittelbar nach Rilkes Rückkehr stellten sich bei ihm jedoch die alten Beschwerden wieder ein, so daß sie sich endgültig dafür entschieden, Paris zu verlassen. Dieser Entschluß fiel Rilke um so leichter, als im Frühjahr 1903 seine Monographie über Rodin erschienen war. Clara bemühte sich deshalb am 1. Juli 1903 erneut um ein Stipendium beim Bremer Senat. Nachdem ihr Gesuch um zwei Bremer Senatsstipendien im Sommer 1902 bereits gescheitert war, versicherte sie sich diesmal einer Befürwortung Rodins. Rilke bat Rodin am 23. 6. 1903 in ihrem Namen um einen Abschiedsbesuch im Atelier seiner Frau und um ein Gutachten ihrer Werke:

Ma femme peut espérer de recevoir une bourse annuelle de la part du Sénat de Brême (. . .). Mais à la demande officielle, elle doit ajouter une courte attestation qui la déclare digne de recevoir ce secours pour continuer ses études. (. . .)

Rodin kam dieser Bitte nach und bezeichnete Clara Rilke-Westhoff in seinem Gutachten vom 27. Juni 1903 als eine Künstlerin, die »durch ihre Arbeit als Bildhauer ernste Hoffnungen gegeben und diese Hoffnungen erfüllt« habe, und betonte, »daß sie der Unterstützung, welche der Senat von Bremen ihr zuzuerkennen geneigt wäre, in jedem Sinne durchaus würdig« sei *(Abb. 14)*. Trotz dieses wohlwollenden Zeugnisses von Rodin wurden die ausgeschriebenen Stipendien am 29. September 1903 an andere Kandidaten vergeben.

In der Zwischenzeit nahm das Paar die Einladung Heinrich Vogelers nach Worpswede an, um sich dort über die weiteren Pläne klarzuwerden:

(. . .) in drei oder vier Tagen werden wir in Worpswede sein, Gäste Heinrich Vogelers, der uns ein paar Stuben bereitet hat und bei dem wir zwei Monate bleiben wollen. Wir wären lieber noch anderswohin, in eine ganz fremde Stille gegangen, die an nichts erinnert; aber wir hatten keine Wahl und mußten nehmen, was sich bot. Und dieses bot sich auf eine freundliche, liebe Art.

Der kurze Aufenthalt in Norddeutschland im Sommer 1903 verlief nicht ohne Konflikte. Rilke entfremdete sich bald von Heinrich Vogeler, dem er häusliche »Zufriedenheit«, »Conventionen« und »Trägheiten« vorwarf. Die Geburt von Vogelers zweiter Tochter zwang die Rilkes, nach Oberneuland zu Claras Eltern überzusiedeln. Diese unter Zeitdruck getroffene Entscheidung erwies sich jedoch als

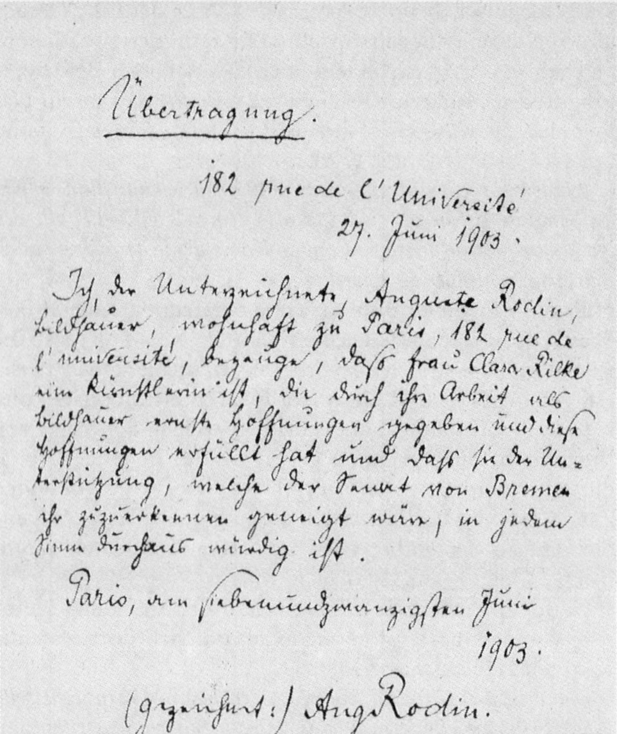

Übertragung.

182 rue de l'Université
27. Juni 1903.

Ich der Unterzeichnete, Auguste Rodin, Bildhauer, wohnhaft zu Paris, 182 rue de l'université, bezeuge, daß Frau Clara Rilke eine Künstlerin ist, die durch ihr Arbeit große Hoffnungen gegeben und diese Hoffnungen erfüllt hat und daß sie der Unterstützung, welche der Senat von Bremen ihr zuzuerkennen geneigt wäre, in jedem Sinne durchaus würdig ist.

Paris, am siebenundzwanzigsten Juni 1903.

(gezeichnet:) Aug. Rodin.

ABB. 14: BEURTEILUNG CLARA RILKE-WESTHOFFS DURCH RODIN, VON RILKE ÜBERSETZT fehlerhaft. Das Paar litt unter den wechselhaften Stimmungen Friedrich Westhoffs, die zwischen heftigen Zornesausbrüchen und tiefen Depressionen hin und her schwankten. Zudem fand sich Rilke mit dem Vorwurf konfrontiert, seine Familie nicht ernähren zu können. Deutlich wird diese häusliche Atmosphäre in einem Brief Rilkes an Lou Andreas-Salomé vom 25. 7. 1903, in dem er die Ausweglosigkeit seiner Situation beklagte:

Aber halten kann sich doch niemand an mir: mein kleines Kind muß bei fremden Leuten sein, meine junge Frau, die auch ihre Arbeit hat, hängt von anderen ab, die für ihre Ausbildung sorgen, und ich selbst kann nirgends nützlich sein und nichts erwerben. Und wenn mir auch die Allernächsten, die es angeht, keinen Vorwurf machen deshalb, so ist der Vorwurf doch da, und das Haus, in dem ich jetzt gerade bin, ist seiner ganz voll. (. . .) Und mit mir selber hab' ich soviel Arbeit Tag und Nacht, daß ich oft fast feindselig bin gegen die Nahen, die mich stören und ein Recht haben auf mich.

Auch Clara Rilke-Westhoff war ständig den bohrenden Fragen des Vaters nach ihren finanziellen Verhältnissen ausgesetzt:

Du fragtest in Deinem letzten Brief, ob mein Mann nicht für mich sorgen könnte. Dazu ist Rainer nicht imstande, doch ist er in den letzten Jahren für alle außergewöhnlichen Ausgaben, die über mein Monatsgeld hinausgingen (besonders auf Reisen) immer für mich eingetreten. Das wird er auch ferner durchzuführen suchen, doch ist er zu weiterem nicht imstande.

Mit einer privaten, auf zwei Jahre befristeten Unterstützung eines Bremer Kunstfreundes und einer kleinen monatlichen Summe, die ihr der Vater sehr schweren Herzens übersandte, konnte sie sich in dieser Zeit mühevoll über Wasser halten. Die familiären Zwistigkeiten veranlaßten das Ehepaar Rilke, im September 1903 den bereits langgehegten Wunsch zu verwirklichen und nach Rom zu ziehen. Rilke, der einen »italienischen Aufenthalt jetzt als eine natürliche Fortsetzung des Besten« begrüßte, was Paris ihn

»lernen ließ«, äußerte sich voller Begeisterung und Zuversicht über ihre gemeinsamen Pläne:

(. . .) nach kurzem Aufenthalt (in Venedig, d. Verf.) *fahren wir auf Florenz zu, auf das liebliche und lichte Land, das Anlaß war zu soviel Anbetung, Ruhm und Freude. Auch dort wird nur weniger Tage Frist uns gegeben sein, denn: es steht Rom bevor, das große, rufende Rom, das uns noch nur ein Name ist, bald aber ein Ding aus hundert Dingen, ein großes zerschlagenes Gefäß, aus dem viel Vergangenheit in den Boden sickerte, die Ruine Rom, die wir wieder auferbauen wollen. Nicht so, wie sie einst gewesen sein mag, sondern als Sucher der inneren Zukunft in dieser Vergangenheit, in der viel Ewiges eingeschlossen war.*

Während sich Rilke vom italienischen »Wesen (. . .) hingerissen und (. . .) zu Aufstiegen verführt« sah, hatte Clara Rilke-Westhoff, die sich zu den nördlichen Regionen und Menschen hingezogen fühlte, ein eher zurückhaltendes Verhältnis zum Süden. Dieses »Vorurteil« war Rilke nicht entgangen. Er war sich schon in Oberneuland bewußt, daß Clara eher ihm zuliebe, als aus künstlerischer Überzeugung dem Aufenthalt in Rom zustimmte. Ihre Zurückhaltung verunsicherte ihn jedoch keineswegs in seinen Plänen, er begrüßte vielmehr,

daß jetzt dieser junge Künstler neben mir sein wird, diese Frau, die, nicht als Schaffende und nicht um des Lebens willen, je Sehnsucht gehabt hat nach dem südlichen Land, weil ihr nordisches Empfinden gegen das zu Offene seiner strahlenden Herrlichkeit mißtrauisch war.

Ausschlaggebend für Claras Entschluß war, neben dem Drängen Rilkes, der Rat Rodins, ihrer künstlerischen Ausbildung wegen nach Rom zu gehen. Es gelang ihr jedoch nicht, eine innere Beziehung zum Süden herzustellen. Ihre Sympathien gehörten eindeutig dem Norden. In einem Brief aus Rom vom 22. 3. 1904 an die schwedische Schriftstellerin Ellen Key schwärmte sie enthusiastisch:

Und nun nehmen Sie alle meine herzlichen Grüße, auch für Ihr nordisches Land. Ich habe oft mit Sehnsucht an seine beschneiten

ABB. 15: CLARA UND RILKE IN ROM, FEBRUAR 1904

Tannen gedacht, seine tiefen Winter (. . .). Die nordische Schönheit
ist doch tiefer und noch geheimnisvoller als die südliche. Auch noch
unverratener.

In Rom *(Abb. 15)*, wo sie am 10. September 1903, nach einer
Zwischenstation in München, Venedig und Florenz, anka-
men, bewohnte das Paar nach einigen Wochen des Suchens
zwei benachbarte Studios im Park der Villa Strohl-Fern. Der
Maler Karl Hofer, der zuerst in der Villa Strohl-Fern und
später in der Via Flaminia ein Atelier bewohnte, berichtet in
seinen Lebenserinnerungen, daß er in der Via Flaminia häufig Rilke und »seiner Gattin, die mit schwerem Bildhauer-
schritt die Luft teilte«, begegnet sei. In dieser Zeit konzentrierte sie sich hauptsächlich auf das Zeichnen. Es entstanden
zahlreiche zarte Bleistiftzeichnungen, die Pflanzen-, Blüten-
und Insektenstudien in präzisen, durchgehenden Konturen
festhalten. Neben diesen Studien schuf sie eine Folge von
Aktzeichnungen. Ihr Zeichenstil ist an Rodin orientiert, der
seinen Schülern zur Ausbildung des Formengedächtnisses
empfahl, den Bewegungsrhythmus der Körper durch die
spontan skizzierende Umrißlinie wiederzugeben, wobei auf
jede weitere Ausarbeitung, wie eine modellierende Schraf-
fur, eine Dunkeltönung oder eine formverdeutlichende
Binnenzeichnung, verzichtet werden sollte *(Abb. 16)*. Über
ihr Zeichnen wußte Rainer Maria Rilke Rodin zu berichten:
In Rom wohnten wir inmitten eines großen Gartens, wodurch
meine Frau Gelegenheit erhielt, zahlreiche Pflanzen zu sehen und
zu studieren. Sie zeichnete viel; sie arbeitete demütig Tag für Tag;
ihre Geduld kräftigte sich. Man kann wohl sagen, daß sie Fort-
schritte gemacht hat (. . .).
Auch Clara war sich dieser Fortschritte bewußt und ge-
wann durch das Zeichnen neuen Auftrieb und Ermutigung:
Und jetzt? Jetzt ist wieder die Arbeit da und beginnt langsam das
Einzige zu werden, das Große, Wichtige – und so sind wir zwei
Anbeginne, die arbeiten lernen. Was kann man von solchen leisen
Anfängen sagen. Man kann ihnen nur Stille wünschen und Ruhe

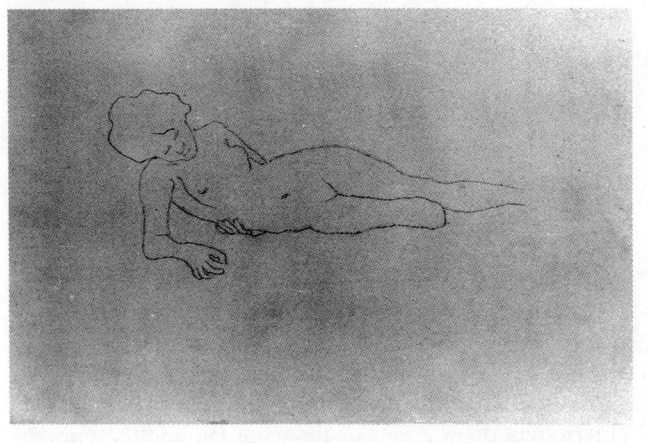

ABB. 16: CLARA RILKE-WESTHOFF: LIEGENDER AKT,
BLEISTIFTZEICHNUNG, 1903/04

und Einsamkeit, um aus Anfängen weiter zu werden, zu wachsen, zu arbeiten.

Nachdem sich abzeichnete, daß die finanziellen Unterstützungen aus Bremen eingestellt würden, entschloß sich Clara, nach Bremen zurückzukehren, um sich dort für längere Zeit niederzulassen.

Jetzt wollen diese Mittel versiegen, und es ist Zeit, daß ich mich sobald als möglich an einem Ort niederlasse, wo ich Aussicht habe zu verdienen. Und dieser Ort wird nun doch wohl Bremen oder Bremens Nähe (Oberneuland) sein – da es in Bremen am ehesten Menschen gibt, die mir einen Auftrag geben können und da ich dort auch soweit bekannt bin, um Schülerinnen haben zu können. Alles dieses zu unternehmen macht mir noch viel Sorge, da nicht alles so einfach ist, wie es so klingt, und auch mein Elternhaus mir keine Stütze, sondern eher noch eine Sorge mehr ist.

Rilke, dessen Gesundheit unter dem Schirokko und den dürftigen Lebensumständen in Rom litt, trug sich zu dieser Zeit mit dem Gedanken, nach Kopenhagen zu gehen. Clara unterstützte diese Absicht, um seine Gesundheit und Arbeitsfähigkeit wieder aufzurichten:

Augenblicklich es für ihn in Oberneuland und in meiner Nähe zu erhoffen ist unmöglich. Meine Einrichtung wird sehr primitiv sein und gerade eben eine Arbeitsstätte für mich bieten.

In ihrer Sorge um Rilkes Zukunft scheute sie sich nicht, in sehr direkter Weise Ellen Key zu bewegen, Rilke zu sich einzuladen:

(. . .) können Sie sich irgendeine Möglichkeit denken, Rainer Maria Rilke zu sich einzuladen? Könnte es dort – wo Sie inmitten der beschneiten Tannen Ihren Winter verbrachten – könnte es dort eine stille Arbeitsstätte für Rainer Maria geben? Vielleicht für die letzten Sommermonate oder den Herbst, oder den Winter?

Auch Rilke korrespondierte mit Ellen Key und deutete Ende April 1904 den Wunsch an, mit seiner Frau nach Kopenhagen zu gehen:

Meine Frau möchte, um ruhig bei ihrer Arbeit sein zu können und weil sie sehr die Eignung dazu in sich fühlt, einmal eine Schule

für Zeichnen und Modellieren (vielleicht auch Malen) auftun, eine
Schule für junge Menschen, die ernsthaft zur Kunst wollen und das
Zeug dazu haben; sie wollte das eines Tages in Bremen tun, – aber
(mich sucht der Gedanke immer wieder heim) sollte es nicht möglich
sein, Ähnliches eines Tages z. B. in Kopenhagen zu versuchen?

Für Clara Rilke-Westhoff war der Gedanke, eine »Schule
für Zeichnen und Modellieren« zu errichten, hingegen kein
ferner Gedanke, sondern sie war fest entschlossen, ihn in Bremen sofort zu realisieren. Diese Entscheidung verdeutlicht
eine qualitative Veränderung in ihrer Beziehung zu ihrem
Mann. Während sie sich bisher den Wünschen und der Lebensweise Rilkes angepaßt hatte, versuchte sie nun ihre eigenen Vorstellungen umzusetzen und in Bremen eine gesicherte Existenz zu gründen.

Mitte Juni verließen beide Italien. Die Rückkehr nach
Deutschland unterbrachen sie in Mailand, um den Dom und
Leonardos ›Abendmahl‹ zu sehen. Vom 19. bis 22. Juni 1904
machten sie in Düsseldorf Station und besuchten die Internationale Kunstausstellung mit den Werken Rodins und des
spanischen Malers Ignacio Zuloaga, mit dem sie sich 1902 in
Paris angefreundet hatten. Rodin war dort in einer Sonderausstellung mit 59 plastischen Werken und 50 Zeichnungen
vertreten. Es war die bis dahin umfassendste Ausstellung seiner Werke in Deutschland. Rilke schrieb Rodin von Claras
künstlerischen Fortschritten, die sie in Italien beim Zeichnen
gemacht habe und die ihr zu einem neuen Verständnis der Arbeiten Rodins verholfen hätten:

Man kann wohl sagen, daß sie Fortschritte gemacht hat, denn auf
der Rückreise aus Italien, in Düsseldorf, befand Ihr Werk sie für
würdig, ihr ganz neue Schönheiten zu offenbaren, die sie ein Jahr
zuvor noch nicht zu sehen vermochte.

Rodins Antwortschreiben ist heute verschollen, doch muß
er sehr wohlwollend auf Rilkes Brief reagiert haben:

(. . .) wie hat das gutgetan, zu fühlen, wie freundlich, still und
selbstverständlich er an uns denkt; wir sind da für ihn, er vergißt uns
nicht über den vielen.

Dieses Gefühl freundschaftlicher Verbundenheit und das große Vorbild, das Rodin für das Paar darstellte, prägten besonders Clara Rilke-Westhoffs künstlerisches Schaffen der folgenden Jahre.

In Düsseldorf fand das Ehepaar zudem noch Zeit, sich im Hause des Landschaftsmalers und Sammlers japanischer Kunst, Georg Oeder, einen ganzen Tag lang zahlreiche Stiche und Holzschnitte von Utamaro, Kiyonaga und Hokusai anzusehen. Die Rilkes vertieften diese Begegnung mit japanischer Kunst, indem sie ihren Aufenthalt in Düsseldorf um einen weiteren Tag verlängerten, um sich mit dem großen Skizzenbuch Hokusais, der ›Mangwa‹, beschäftigen zu können, das ab 1814 in fünfzehn Bänden erschien. Im Jahre 1854 führte die durch Amerika erzwungene Öffnung japanischer Häfen zu Handelsverträgen mit den USA und Europa. Dadurch wurden vermehrt Erzeugnisse japanischer Kunst nach Europa eingeführt, so daß die Wechselwirkung zwischen japanischer und europäischer Kunst stark zunahm. Der Einfluß der japanischen Kunst zeigt sich insbesondere im Symbolismus, im Jugendstil, in der Schule von Pont-Aven und der Gruppe der Nabis sowie in der Entwicklung der Buchkunst und der Karikatur. Es ist demnach nicht erstaunlich, daß sich Clara und Rainer Maria Rilke, dem allgemeinen Trend folgend, voller Begeisterung mit der japanischen Kunst, insbesondere der Ukiyo-e-Schule, beschäftigten. Angeregt wurde ihr Interesse zudem sicherlich durch Rodin, der bereits 1887 Edmond de Goncourts Sammlung japanischer Holzschnitte besuchte, selbst ostasiatische Kunst erwarb und um 1904/05 mit dem russischen Kunsthistoriker und Kunstsammler Victor von Golubeff Kontakt aufnahm. Einen nachweislichen Einfluß auf Clara Rilke-Westhoffs künstlerische Arbeit hatte ihr Interesse für die japanische Kunst jedoch nicht.

Während Rilke einer Einladung Hanna Larsons nach Borgeby-gard bei Malmö folgte und nach Südschweden weiterfuhr, kehrte Clara direkt nach Worpswede zurück, wo sie vorübergehend ein Atelier in einem Nebengebäude des Barkenhoffs bezog, das ihr Heinrich Vogeler, wie bereits im Sommer 1903, zur Verfügung stellte. Später siedelte sie nach Oberneuland über, wo sie bis März 1905 wohnte. Im Gegensatz zu Rilke hatte sie zu Heinrich Vogeler weiterhin ein gutes Verhältnis und blieb ihm bis zu seiner endgültigen Auswanderung in die UdSSR, Anfang der dreißiger Jahre, freundschaftlich verbunden. Bei aller Rücksichtnahme und Anpassung an Rilke ließ sie sich von ihm in der Wahl ihrer Freunde nicht beeinflussen. Trotz ihres energischen Versuchs, sich in Worpswede als freischaffende Künstlerin durch Aufträge und Privatunterricht eine eigene Existenz aufzubauen, wird aus Briefen Rilkes ersichtlich, daß ihr ein durchgreifender Erfolg versagt blieb und sie schwere, mutlose Wochen durchmachte:

Sie war krank und hatte auch sonst schlechte Tage in Bremen. (. . .) sie denkt jetzt mehr denn je daran, später in Kopenhagen einen Arbeitsversuch zu machen, vorläufig hat sie Arbeit in Worpswede und wird wohl bis zum Herbst dort aushalten; ja Kopenhagen, das kommt immer wieder in unseren Plänen vor (. . .). Ich denke immer, ob meine Frau als Zeichnerin und Modelleurin nicht eine Beziehung zu einer der dortigen Porzellan-Manufakturen finden könnte; solche Arbeiten und Porträtaufträge: das wird nach und nach ihr Ausweg werden müssen, nicht die »Schule« (wie wir einmal dachten).

Es ist auffallend, daß gerade Rilke, dessen Selbstverständnis als Künstler besonders darunter litt, daß er zur Bestreitung seiner elementarsten Lebensbedürfnisse »Auftragsarbeiten«, wie z. B. Rezensionstätigkeiten und Buchbesprechungen, annehmen mußte, den einzigen »Ausweg« für die künstlerische Existenz seiner Frau darin sah, sich der industriellen Produktion von Gegenständen des Kunstgewerbes zuzuwenden!

Am 25. August 1904 folgte Clara, die sich ihr Scheitern, in Norddeutschland künstlerisch Fuß zu fassen, eingestehen mußte, dankbar einer Einladung Hanna Larsons nach Borgeby-gard. Dort hielt sich bereits Rilke auf, der sie in Kopenhagen abholte. Die Zeit bis Mitte September verbrachten sie mit Ellen Key abwechselnd in Borgeby-gard oder bei der Familie Gibson in Furuborg bei Göteborg. Hannas Verlobter, der Künstler und Schriftsteller Ernst Norlind, erinnerte sich:

Claras Erscheinung war vielleicht die schönste, die ich je gesehen habe – die eines arischen Typus mit einer geraden Nase und eindrucksvollen schwarzen Augen . . . Still, diskret, in jeder Hinsicht natürlich, gewann sie sofort unser aller Zuneigung.

Am 12. September reiste das Ehepaar Rilke nach Kopenhagen, um die beruflichen Möglichkeiten für Clara zu erkunden. Sie blieben bis Ende des Monats dort, »mit allerhand Wegen und Versuchen sehr beschäftigt«.

(. . .) die Stadt drückte uns, und allerhand alte Ängste kamen unter dem Druck hervor und alle Sorgen standen auf. – (. . .) Das Vorlegen der Zeichnungen (in der Kopenhagener Porzellan-Manufaktur, d. Verf.) *hatte keinen, wenigstens keinen umgehenden Erfolg; aber das hatten wir ja auch nicht zu hoffen gewagt.*

Mit seiner Bemerkung vom 19. 10. 1904 an Ellen Key, daß sie sich wegen einer Arbeitsmöglichkeit in der Porzellan-Manufaktur keine großen Hoffnungen gemacht hätten, versuchte Rilke, den Mißerfolg herunterzuspielen, denn beide hatten sich von dem Besuch in Kopenhagen einiges versprochen. Besonders Clara, die sich endlich nach einem reichen künstlerischen Betätigungsfeld sehnte, litt stark unter diesem erneuten Fehlschlag. Der vergebliche Versuch, in Kopenhagen Fuß zu fassen, und das Wissen, erneut in Oberneuland beginnen zu müssen, entmutigten sie derart, daß sie eine weitere Erholungspause benötigte:

Es war ohnehin traurig zu sehen, wie rasch Clara, nach unserer ersten Abreise von Furuborg, die dort gewonnene Frische und Frohheit, (die ich seit ihrer Mädchenzeit nicht so bei ihr gesehen hatte –) wieder einbüßte.

Niedergeschlagen kehrte sie zu den Freunden nach Furuborg zurück, die alles versuchten, ihr wieder Zuversicht zu geben:

Das aber war so wichtig, daß Clara nicht aus der gedrückten Stimmung, in welche wir in der Kopenhagener Zeit geraten waren, in die ungewissen Verhältnisse von Oberneuland hinein abreiste, wo wieder erst alles getan werden mußte, was zu einem neuen Anfang nötig ist.

Die Krise

›Eine Künstlerin muß (. . .) frei sein,
sonst kann sie sich nicht entwickeln.‹
(An die Eltern, 16. 6. 1897)

Anfang Oktober 1904 verließ sie Schweden, um in Oberneuland erneut einen beruflichen Anlauf zu nehmen. Rilke an Ellen Key:

Sie ist in Oberneuland, leider noch nicht in ihrem eigenen Arbeitsraum, aber doch schon nahe dabei. Und hat vorläufig drei Schülerinnen, die schon seit dem 15. Oktober arbeiten. Im übrigen hat sie etwas mehr Zuversicht als vorher und verspricht (. . .) Geduld zu haben.

Nachdem sie die Oberneuländer Wohnung räumen mußte, siedelte sie im März 1905 nach Worpswede über, wo sie eine größere Anzahl von Schülerinnen unterrichten wollte. Dadurch versuchte sie, sich die notwendigen »Mittel zu schaffen, um im Herbst ganz an ihre eigene Arbeit denken zu können«.

Zeugnis dieser krisenhaften Lebensphase ist ihr Selbstbildnis *(Abb. 17)*, das ihre Niedergeschlagenheit und Einsamkeit widerspiegelt. Eindrucksvoll bei diesem Porträt ist das ernste Gesicht in Dreiviertelansicht, dem nichts Gefälliges und Beschönigendes anhaftet. An die Stelle der markanten Züge der Künstlerin treten etwas aufgequollene, derbe Gesichtszüge, die einer verhärmt und verschlossen wirken-

ABB. 17: CLARA RILKE–WESTHOFF: SELBSTBILDNIS,
ÖL AUF HOLZ, 1905

den Frau. Verstärkt wird dieser depressive und gequälte Ausdruck durch die halbvioletten Schatten, welche die Augen- und Mundpartien umrahmen. Die auffällig großen Augen wirken müde und erloschen. Resignation und schonungslose Offenheit sind die vorherrschenden Eindrücke, die der Betrachter empfängt. Bei diesem Porträt Clara Rilke-Westhoffs handelt es sich um das einzige Selbstbildnis ihres Œuvres und um das erste Gemälde seit ihrer frühen Ausbildungszeit in den Jahren 1897/98. Zur Darstellung ihrer Identitätskrise schien ihr das Medium der Malerei adäquater als das plastische Arbeiten. Dies erklärt auch, warum das Gemälde im Jahre 1905 eine völlig vereinzelte Erscheinung blieb, denn sie wandte sich erst zwanzig Jahre später, um 1926, wieder ernsthaft der Malerei zu. Auch ihre wiedergewonnene Freundin[10] Paula Modersohn-Becker hat diese Identitätskrise in ihrem Porträt von Clara Rilke-Westhoff (Titelbild) eindrucksvoll dargestellt. In seinen Erinnerungen beschrieb Heinrich Vogeler erschüttert die Wirkung, die dieses Gemälde auf ihn ausübte:

Clara, die Freundin, die für Paula alles Frohe und Freie zu verkörpern schien und dann als Frau des Dichters ihr Leben zur Weihe machte und ihre Freiheit in ihr wesensfremde Formen einmauerte. Sie (P. Modersohn-Becker, d. Verf.) *malte Clara, eine schwarzhaarige Frau auf dunklem Grund in weißem Kleid. In der Hand hält sie eine dunkelrote Rose. Clara wendet sich schwermütig nach außen. Das Bild ist wie ein schmerzhafter Abschied und wie ein Rückblick auf Verlorenes.*

Nicht nur seelische, sondern auch körperliche Erschöpfungszustände veranlaßten Clara und Rainer Maria Rilke im Frühjahr 1905, mehrere Wochen im Lahmannschen Sanatorium ›Weißer Hirsch‹ bei Dresden zu verbringen. Dort lernten sie die bereits schwerkranke Gräfin Luise von Schwerin kennen, die das Paar im Sommer auf ihr Schloß Friedelhausen bei Lollar in Hessen einlud. Clara verbrachte Anfang August zusammen mit Rilke zwei Wochen in Friedelhausen, wo sie den Auftrag erhielt, ein Relief der Gräfin anzufertigen, das jedoch wegen des schlechten Gesundheitszustandes der Grä-

ABB. 18: CLARA RILKE-WESTHOFF MODELLIERT 1905 IHREN MANN
AUF DER TERRASSE VON SCHLOß FRIEDELHAUSEN BEI GIEßEN

fin nicht ausgeführt wurde. Statt dessen entstand das kleinformatige Bildnis Rilkes mit geneigter Kopfhaltung
(Abb. 18). Jäh unterbrochen wurde dieser Aufenthalt durch
den plötzlichen Unfalltod des Vaters, Friedrich Westhoff,
am 13. August 1905. Clara Rilke-Westhoffs existentielle Situation wurde fortan noch schwieriger, wie Rilke voller
Sorge Ellen Key mitteilte:

Ihre Verhältnisse sind mit dem plötzlichen Tode ihres Vaters nur
noch enger geworden. Sie verliert damit sogar die letzte kleine Bei-
steuer, die sie doch immer noch, wenn auch nicht gern gegeben, von
Hause empfing, und wir wissen noch nicht, wie es werden soll bis zu
dem Augenblick, da ihre Arbeit etwas zu tragen anfängt. Ich werde,
sobald ich rangiert bin, tun was ich kann, aber Modelle und Mate-
rial kosten viel mehr.

Paris (1905)

> *›Es gibt nicht viele Bildhauer, die das*
> *können —‹*
> (Rodin über Clara, Paris 1905)

Am 15. September 1905 nahm Rilke Rodins Einladung
in die Villa des Brillants in Meudon an, wo er während
der folgenden Monate bis zum Mai 1906 Rodins Korrespondenz führte. Anfang Oktober 1905 kam auch Clara auf
Einladung Rodins nach Meudon. Über dieses erneute Zusammentreffen schrieb Rilke an Ellen Key:

Sie hat ihm (Rodin, d. Verf.) *ein paar ihrer neuen Arbeiten*
hergeschickt, er hat sie ernst und aufmerksam betrachtet und von der
einen, besten, schließlich gesagt: »Es gibt nicht viele Bildhauer, die
das können – «, darauf hat er ihr seine Glückwünsche telegraphiert
und sie zu sich gerufen. Du kannst Dir denken, daß sie nicht gezö-
gert hat, zu kommen. Sie ist vier Wochen hier gewesen, auch noch
während meiner Vortragsreise, und hat hier in einem von Rodin
Ateliers arbeiten dürfen. Das war Glück für sie.

ABB. 19: CLARA RILKE-WESTHOFF:
DIE VERSCHIEDENEN FASSUNGEN DES RILKE-PORTRAITS VON 1905
FIG. I–III GIPS, FIG. IV BRONZE

Dieser Aufenthalt bei Rodin half ihr aus ihrer persönlichen und künstlerischen Krise. Voller Enthusiasmus schrieb sie Paula Modersohn-Becker am 6. 10. 1905:

Paris im Herbst! Es ist etwas, das Sie noch erleben müssen. Tun Sie es mir nach mit unerwarteten Entschlüssen. Mir scheint alles wie ein großer Tanz von Schönheit – so wie nie.

Die in Paris entstandenen Arbeiten sind heute verschollen. Es sind jedoch mehrere um 1905 modellierte Porträts erhalten, darunter der ›Kleine Mädchenkopf‹ und die verschiedenen Fassungen des kleinen, in Friedelhausen begonnenen Rilke-Porträts, die zu ihren besten Arbeiten zählen.

Die plastische Form ist merklich aufgelöst; die skizzenhafte, »impressionistische« Tendenz Clara Rilke-Westhoffs hat nun einen Höhepunkt erreicht.

Von den verschiedenen Varianten des Rilke-Porträts, die den Dichter in seiner offenbar typischen Lesehaltung zeigen *(Abb. 19)*, kann das ›Porträt auf niedrig gestuftem Sockel‹ *(Abb. 19, Fig. IV)* als die geglückteste Lösung betrachtet werden. Hier liegt der Schwerpunkt des Sockels ungefähr in der Mitte der Sockelfläche, so daß eine ruhige, gleichgewichtige Ausgewogenheit der Massen entsteht. Das Antlitz Rilkes beugt sich so tief hinab, daß der Hals, die Kinnpartie und der auf den Sockel stoßende Kinnbart zu einer undurchlässigen einheitlichen Masse verschmelzen. Dadurch entsteht der Eindruck des In-sich-Zurückziehens und des introvertierten Verschlossenseins. Das Vergeistigte, Hochkultivierte des Kopfes erschließt sich in den schmalen, gestreckten Proportionen und in dem geschlossenen, kompakten Umriß, der die Wölbung der hohen Stirn, des ausgeprägten Hinterkopfes und des langgestrecken Nackens in einer einzigen spannungsreichen Linie wiedergibt. Alles Äußere ist vermieden, keine Details stören die verinnerlichte Darstellung. Dennoch sind alle persönlichen Angaben und teilweise widersprüchlichen Züge, die Rilkes Persönlichkeit kennzeichnen, genau erfaßt: Der sinnliche, volle Mund, das weiche Kinn sowie die kräftige Nase stehen in merkwürdigem Kontrast zu den niedergeschlagenen, tiefliegenden Augen, der hohen, durch den Haarschopf überschatteten und somit noch betonten Stirn und der spannungsgeladenen Linie von Hinterkopf und Hals. Gerade durch die Darstellung dieser vieldeutigen, gegensätzlichen Züge erscheint der Porträtierte um so sensibler und verletzbarer.

Die Rückkehr nach Worpswede im November 1905 mußte Clara Rilke-Westhoff besonders schwergefallen sein. Noch ein halbes Jahr später begeisterte sie sich in einem Brief an Paula Modersohn-Becker, die sich in Paris aufhielt, für diese Stadt. Im Vergleich zu Paris, »der wirklichen Welt«, erschien ihr das früher so geschätzte Worpswede plötzlich eintönig:

(. . .) nun denke ich mit viel Sehnsucht nach der Welt zu Ihnen hin – nach der wirklichen Welt. Seltsam, mir ist gar nicht, als wäre hier Frühling, so ähnlich scheint mir diese – all' den anderen Zeiten. Das ist wohl nicht ganz gerecht – aber doch sage ich so. Und darum will ich bald sein - wo es mir anders scheint.

Angeregt durch Paulas Aufenthalt in Paris, trug sich Clara ebenfalls mit dem Gedanken, wieder dorthinzugehen, was jedoch an ihren finanziellen Möglichkeiten scheiterte:

Ich muß auch immer wieder an Paris denken und bin manchmal nahe daran zu denken, ich würde im Herbst wieder dort sein. – Leider sind die Mittel jetzt so, daß ich solches nicht einfach beschließen kann – deshalb bin ich froh, daß ich nun hier in gute Arbeit gekommen bin (. . .).

Gemeinsam unternahmen Clara und Rainer Maria Rilke im Jahre 1906 mehrere Reisen, wobei die Rilkes sich, wie so oft, auf die Gastlichkeit ihrer Freunde verlassen konnten. Clara Rilke-Westhoff begleitete ihren Mann Ende Februar auf seinen Vortragsreisen nach Berlin, Hamburg und Bremen. In Worpswede erreichte Rilke die Nachricht vom Tode seines Vaters, der am 14. März in Prag gestorben war. Clara nahm an der Beerdigung Josef Rilkes teil und stand Rilke, wie er seiner Mutter schrieb, »treu und wahrhaft aufopfernd zur Seite«. Im Mai 1906 fand Rilkes Arbeitsverhältnis bei Rodin durch einen belanglosen Anlaß ein plötzliches Ende. Rodin warf ihm – völlig unberechtigt – Ungewissenhaftigkeit und Eigenmächtigkeit bei der Beantwortung seiner Korrespondenzen vor und entließ den zutiefst verletzten Rilke, der sein Domizil in Meudon sofort räumen mußte. Der Bruch zwischen Rilke und Rodin belastete auch das Verhältnis zu Clara Rilke-Westhoff:

Meine Frau bringt Ihnen, etwas ferner und auf eine andere Weise, ein solches Gefühl entgegen. Ich bin bekümmert, daß Sie nicht an sie gedacht haben, als Sie mich verabschiedeten: nicht mit einem einzigen Worte, obwohl meine Frau – die so sehr Ihres Beistandes bedarf – Sie in keiner Weise gekränkt hat; warum soll sie denn diese Ungnade teilen, in die ich gefallen bin?

Im August 1906 verbrachten die Rilkes zusammen mit ihrer Tochter einige Wochen an der See in Belgien, danach folgte ein vierzehntägiger Aufenthalt bei den von der Heydts auf der Wacholderhöhe in Godesberg, wo Clara die Tochter der Gastgeber porträtierte. Einer siebentägigen Zwischenstation an der Lahn schloß sich vom 8. September bis 3. Oktober ein Besuch in Friedelhausen bei dem Baron und der Baronin Uexküll an.

Berliner Zeit 1906/07

›Ich will nun Berlin auf mich nehmen –‹
(An Paula Modersohn-Becker,
19. 10. 1906)

Einer Einladung nach Capri leistete lediglich Rainer Maria Rilke Folge, während sich Clara Rilke-Westhoff dafür entschied, »unter allen möglichen Entschlüssen den mutigsten zu wählen« und in Berlin als Bildhauerin Fuß zu fassen. Ausschlaggebend für ihren Entschluß, nach Berlin zu gehen, war die Anziehungskraft dieser Stadt. Die künstlerische Atmosphäre Berlins wurde zu dieser Zeit durch die Impulse der Secession, insbesondere durch Künstler wie Max Liebermann und Lovis Corinth, geprägt. Dieser künstlerischen Formation gehörten ein Kreis moderner Literaten und Max Reinhardt mit dem ›Deutschen Theater‹ an, für das zahlreiche moderne Maler wie Slevogt, Corinth, Walser und Orlik arbeiteten. Auch die Bildhauerei befand sich Anfang des 20. Jahrhunderts durch Künstler wie August Gaul, Käthe Kollwitz, Fritz Klimsch, Hugo Lederer und Georg Kolbe, die ein breites Wirkungsfeld fanden, auf hohem Niveau. In der politischen, wirtschaftlichen und kulturellen Metropole Deutschlands hoffte Clara Rilke-Westhoff, sich durch Aufträge und das Unterrichten von Schülerinnen eine finanziell gesicherte Existenz aufzubauen. Während Rilke am 25. November nach Capri aufbrach, blieb Clara allein in Berlin, um dort einen »Versuchswinter« zu verbringen. Voller Tatendrang schrieb sie an Paula:

Ich selbst will nun Berlin auf mich nehmen – hatte in den ersten Tagen meines Hierseins sehr, sehr großes Heimweh nach Paris. Jetzt aber fühle ich mehr und mehr, daß es so sein soll und muß, und ich glaube nun mit Zuversicht, daß ich vor guter und fruchtbarer Arbeit stehe und vor Vielem, was für mein Leben nützlich ist. Ich richte mich provisorisch in einer leeren Wohnung ein, deren eines helles Zimmer mir als Atelier dient.

Aufenthalt in Ägypten 1907

>*Alle Erinnerungen, die wir halten,*
fallen aus unseren Händen, um alten,
uralten Erinnerungen Platz zu machen
(. . .).‹

(An Hedwig Fischer, 18. 3. 1907)

Ihre optimistische Vorstellung scheiterte jedoch an der Berliner Realität. Nur so ist es erklärlich, daß sie schon drei Monate nach ihrer Berliner Übersiedlung nach Heluan (bei Kairo) reiste, wohin sie ihre Freundin, die Baronin May Knoop, und deren Mann, die dort das Sanatorium ›Al Hayat‹ besaßen, zum Studium und zu einem Auftrag einluden *(Abb. 20).*

Der überwältigende Eindruck, den Ägypten bei Clara Rilke-Westhoff hinterließ, spornte sie zu langen, bewegten Berichten im Stile Rilkes an. Anschaulich sind diese stimmungsvollen Beschreibungen Ägyptens, und der damalige Briefstil der Künstlerin in einem Schreiben vom 18. 3. 1907 an Hedwig Fischer dokumentiert:

Tatsächlich fühlt man sich an den Ufern dieses schwerfließenden Flusses anderen geweiteten Gesetzen unterstellt, und alle Erinnerungen, die wir halten, fallen aus unseren Händen, um alten, uralten Erinnerungen Platz zu machen, die nun aufwachen, das sind die Segel wie Schwalbenflügel geformt, die ihre schlankgewölbte Contur an langgestreckten Flußufern vorüberschieben, – das sind die Ochsen, die das Brunnenrad um seine krachende schwerfällige Achse ziehen, und der Mann hinter ihnen, der unter Pharaos Herrschaft dieselbe knutenartige Peitsche auf diesen braunen gebirgigen gleichmäßigen Rücken fallen ließ. – Und da reitet man in die Wüste auf einem Kamel, dessen langer reptilartiger Hals mit schmalem Kopf vor einem herschwimmt, als ritte man auf einer schwimmenden Schildkröte, und man treibt in gelbe leuchtende Wellen hinein aus bröckelndem Gestein, in Schluchten aus solchem Gestein, in welchem nichts, nichts, nichts ist als ein unendliches, unermeßliches

95

ABB. 20: CLARA MIT MAY BARONIN KNOOP IN ÄGYPTEN, 1907

Schweigen, vergrößert durch das seltsame Geräusch des Windes, der
an den Steinvorsprüngen vorüberbrandet. Da fallen die Gedanken
weit in tausendjährige Abgründe hinein. Kann man da jemals zu-
rückkommen; wird man nicht gealtert und versteint viele Menschen-
alter überlebt haben, wenn man einmal wieder in die gewohnten
Täler kommen wird?

Rilke zeigte sich von ihren zahlreichen, eindringlichen
Briefen beeindruckt:

Dank für alles, was Du auf so treue Art mit mir teilst; mir ist, als
reichtest Du mir von allem die größere Hälfte.

Immer wieder ermutigte er seine Frau, alle Eindrücke
durch Notizen und Zeichnungen »mit raschen Fangbewe-
gungen« und »mit aller Unbedingtheit des momentanen
Striches« zu erfassen, da er beabsichtigte, nach Claras Rückkehr »aus dem Ganzen eine ägyptische Reise zusam-
men(zu)stellen, wie noch niemand sie zu machen und zu erzählen gewußt hat«. Das Projekt eines gemeinsam verfaßten
Reiseberichts wurde leider nicht realisiert. Neben ihren aus-
führlichen Korrespondenzen mit Rilke und ihren Freunden
schuf sie auch diesmal, wie schon sooft auf Reisen, ein Porträt ihrer Gastgeberin, die heute verschollene Büste May
Knoops. Inspiriert durch die Landschaft und die exotische
Tierwelt, modellierte sie zudem eine Gazellengruppe, ebenfalls im Auftrage der Familie Knoop. Diese Tierplastik über-
stand den Transport von Ägypten nach Deutschland zwar
unversehrt, wurde jedoch beim Gießen zerstört. Rilke
schrieb an Ellen Key aus Paris:

Clara ist recht erschöpft gewesen, als sie aus Ägypten zurück-
kam, und sehr deprimiert durch ein wirklich betrübliches Mißge-
schick; ein Gipsformer hat, beim Abgießen, die ganze Arbeit, die sie
während eines Vierteljahres mit Aufbietung aller Kraft dort geleistet
hat (die Gruppe Gazellen, die überdies ein Auftrag war), einfach
vernichtet, so daß alles, Mühe und Erfolg, verloren ist. Du kannst
Dir denken, was das für sie war!

Rilke holte seine Frau am 19. April 1907 in Neapel ab und
verbrachte mit ihr einen weiteren Monat auf Capri, ehe sie

am 16. Mai die Heimreise antraten. Während Rilke direkt nach Paris weiterreiste, verbrachte Clara zusammen mit ihrer Tochter einige Wochen auf dem Gut von Dr. Max Jaenecke und ihrer Freundin, der Turnierreiterin Anna Jaenecke, in Großburgwedel bei Hannover, wo sie für ihre Gastgeberin eine Pferdeplastik schuf.

Nach einem Zwischenaufenthalt in Oberneuland kehrte sie nach Berlin zurück. Aus Paris erhielt sie in dieser Zeit fünfzehn ausführliche Briefe Rainer Maria Rilkes, in denen er sich mit Cézanne auseinandersetzte, dessen Werk er in einer großen Gedächtnisausstellung für den 1906 verstorbenen Künstler im Salon d'Automne sah. Rilkes überschwengliche Berichte regten Clara an, sich erneut mit Cézanne zu beschäftigen, den sie erstmals im Jahre 1900 mit Paula Modersohn-Becker in Paris für sich entdeckt hatte. Voller Begeisterung schrieb sie am 18. 10. 1907 an Paula, die wegen ihrer Schwangerschaft auf einen Ausstellungsbesuch in Paris verzichten mußte:

Sie fragen nach Cézanne, davon sind nun alle Briefe Rainer Marias voll. Er läßt Ihnen sagen, daß 56 Cézannes (. . .) im Salon d'Automne seien. (. . .) Mich selbst ergriff so stark das Gefühl, hinzufahren und zu sehen. – Aber es geht doch nicht (. . .). Aber ich will in den nächsten Tagen noch einmal nach Worpswede kommen und Ihnen einige von Rainer Marias Briefen lesen, ich glaube, sie würden Sie auch freuen, besonders weil Biographisches (über Cézanne, d. Verf.) *mit hereinkommt, das so interessant ist.*

Das erneute Interesse an den Werken Cézannes beeinflußte jedoch weder Clara Rilke-Westhoffs plastisches Arbeiten, noch wurde sie dazu inspiriert, sich der Malerei zuzuwenden.

Weihnachten verbrachte sie bei ihrer Mutter und der Tochter in Oberneuland, wo sich auch Rilke bis Mitte Februar 1908 aufhielt. Wie immer, so fand er auch diesmal keine Ruhe und sah seine Schaffenskraft durch die schwermütige Stimmung der Landschaft, durch das harte Klima und insbesondere durch die familiäre Enge bedroht. Diese Umstände erschwerten das Zusammenleben erheblich. In seinen Briefen aus dieser Zeit kommen die familiären Spannungen deutlich zum Ausdruck:

Comment vous exprimer ce que je ressens, que je souffre et dont je me console depuis que je suis ici dans ce pays lourd; en face de cette plaine noire et verte, qui tristement s'en va dans des brumes. Comment vous dire toute cette autre vie qui n'est pas la mienne et où péniblement je me retrouve et timidement puisque ce n'est point mon travail qui me tient ici.

Am Ersten Weihnachtstag beklagte er sich bei Hugo von Hofmannsthal:

Viel äußerliche Beschäftigung hat mich von mir abgehalten und viel Nichtalleinsein. Schließlich das Fest, das mir mühsam scheint.

Die angespannte, trübe Stimmung wurde durch eine mehrwöchige Grippe Rilkes noch gesteigert, so daß es für alle Beteiligten eine Erleichterung war, als Rilke erneut nach Capri aufbrach.

Paris 1908/09 und Berlin 1909–1911

> *›Nach und nach erfahre ich etwas über meine Arbeitsfähigkeit.‹*
> (An Rainer Maria Rilke,
> 21. 9. 1907)

Bis Ende April 1908 hielt sich Rilke in Italien auf, Clara Rilke-Westhoff in Oberneuland. Erst Anfang Mai trafen sich beide in Paris wieder, wo sich Rodin erneut bereit erklärte, Clara Korrekturen zu erteilen, und ihr gestattete, in seinem Atelier in der Rue de l'Université zu arbeiten. Bereits im Oktober 1907 hatte Rodin versucht, die 1906 so abrupt beendete Verbindung zu Rilke wiederaufzunehmen, indem er ihn um Auskunft über die Buchhaltung Heller in Wien bat, in der Rodin seine Zeichnungen ausstellen wollte. Diese Geste wurde von Rilke als Versuch einer Verständigung aufgefaßt; die beiden versöhnten sich, was vermutlich die Voraussetzung für Clara Rilke-Westhoffs erneuten Aufenthalt in Paris war. Rilke bezog von Mai bis August eine Wohnung in der 17, Rue Campagne-Première, während Clara Anfang Mai am 278, Boulevard Raspail wohnte, ehe sie Ende des Monats das Hôtel Biron, das heutige Rodin-Museum, in der 77, Rue de Varennes entdeckte und den großen, zentralen Saal in der 1. Etage als Atelier mietete. Abgesehen von einem kurzen Zwischenaufenthalt in Deutschland im August/September 1908 arbeitete sie dort bis zu ihrer endgültigen Abreise im Juni 1909. Rilke beschrieb ihr Atelier, das er während ihrer kurzen Abwesenheit bewohnte, mit begeisterten Worten:

(. . .) ein Saal mit drei ungeheuren Fenstertüren, die auf Gärten gehen: in dem verlassenen früheren Sacré-Cœur-Kloster (. . .), wo noch ähnliche Herrlichkeiten (. . .) zu mieten sind.

Und etwas später an Rodin:

Sie sollten, lieber großer Freund, dieses schöne Haus und den Saal sehen (. . .). Aus seinen drei Fenstern hat man einen wunderbaren Blick auf den Garten, wo man von Zeit zu Zeit die einfältigen Kaninchen durch die Gitter springen sieht, wie auf einer alten Tapisserie.

Die Möglichkeiten, die das Hôtel Biron den Künstlern bot, mußten auch auf Rilke und Rodin überzeugend gewirkt haben, denn Anfang September 1908 mieteten Rilke den unteren linken Flügel und Rodin den unteren rechten Flügel des Palastes. Durch das Zusammenleben im gleichen Haus wurde der Kontakt zwischen Rilke und Rodin wieder etwas enger. Im selben Jahr erschienen Rilkes ›Neue Gedichte II‹ mit der Zueignung ›A mon grand ami Auguste Rodin‹. Dennoch war es nicht möglich, die alte Freundschaft wieder ganz herzustellen. Die räumliche Nähe verstärkte aber zumindest die gegenseitigen Atelierbesuche zwischen Clara und Rodin. Außer dem Ehepaar Rilke und Rodin wohnten auch der Dichter und Regisseur Jean Cocteau, der Schauspieler De Max, die amerikanische Tänzerin Isadora Duncan, der

Schriftsteller Romain Rolland, der Maler und Bildhauer Henri Matisse sowie die beiden Malerinnen Erika Scheel, die spätere Frau Ivo Hauptmanns, und Edith von Bonin im Hôtel Biron.

In dieser Zeit entwickelte Clara eine eigene, von Rodins Prinzip des »toujours travailler« emanzipierte Arbeitsmethodik, zu der sie sich in einem Brief an Rilke bekannte:

Nach und nach erfahre ich etwas über meine Arbeitsfähigkeit, die vielleicht gar nicht groß ist. Aber ich kann lernen, sie ganz zu gebrauchen. – Denn – dadurch, daß ich weiß: es gibt Menschen, die immer arbeiten – und : so einer muß ich werden – dadurch weiß ich noch nicht, wie ich es mache, selbst wenn ich mich den ganzen Tag dahinter stelle. – Nein – ich brauche Unregelmäßigkeit, wenn auch nur in dem Sinne, daß ich von einer Arbeit zur andern gehen können muß und manchmal am Abend nicht wissen – welche Arbeit es Morgen sein wird (. . .). Aber da irgendwo – liegt für mich das Glück der Arbeit. Manchmal verstellt man sich selbst eine Wahrheit, dadurch, daß man eine für gut erkannte Lehre zu wörtlich nimmt. Jede Lehre hat immer noch eine größere, weitere Bedeutung – immer noch eine weitere (. . .).

Dieses neue Bewußtsein eigener künstlerischer Möglichkeiten und Grenzen hinderte sie jedoch nicht daran, sich in Paris, angeregt durch Rodins Korrekturen, in die Arbeit zu stürzen:

(. . .) sie ist jetzt so tief und fruchtbar in der Arbeit wie kaum je vorher und macht endgültige Fortschritte, denen Rodin, als er Arbeiten von ihr zu sehen bekam, ernst und freudig zustimmte. Sie wohnt nicht ganz nah, und wir sehen uns meistens nur einmal die Woche, da wir jeder vor allem Alleinsein und Arbeit brauchen.

Im Sommer 1908 unterbrach Clara Rilke-Westhoff ihren Aufenthalt in Paris, um von Mitte August bis Ende September auf dem Gut ihrer Freundin Anna Jaenecke in Großburgwedel einige Auftragsarbeiten für die Familie Jaenecke auszuführen. Während dieses Aufenthaltes in Deutschland verwirklichte sie einen langgehegten Wunsch, indem sie die 1899 entstandene Bildnisbüste Paula Modersohn-Beckers

überarbeitete und nun eine zweite Fassung schuf. Die ideali-
sierten Züge dieses Porträts zeigen, wie tief sie der plötzliche
Tod der Freundin traf, die am 20. 11. 1907, im Alter von 31
Jahren, kurz nach der Geburt ihrer Tochter in Worpswede
gestorben war. Rilke unterstützte Clara in ihren Bemühungen und hob die erste Fassung (Abb. 5) voller Anerkennung
hervor:

> *Da war so viel, daß ich noch vergaß, Dir zu sagen, wie gut ich
> Deine Freude und neue Teilnahme an Paula Beckers schöner Büste
> begreife; ich dachte neulich unvermittelt ganz intensiv an sie, sah
> sie, als ich oben im ersten Stock der Louvre-Sammlung eine königli-
> che Sandsteinbüste entdeckte, aus der XVIII. Dynastie. Die glich
> ihr so wunderlich in Haltung und Zusammenhang und Ausdruck:
> da dachte ich, wieviel Großes doch in Deiner frühen Arbeit stecken
> müsse, wenn ein so unvordenklicher Eindruck sie in einem herauf-
> zwingen kann (. . .).*

Nach Paris zurückgekehrt, beschäftigte sich Clara mit dem
Œuvre Maillols und Hoetgers.

Ihre erste, durch Rodin angeregte Begegnung mit Maillol
beschrieb sie folgendermaßen:

> *(. . .) in derselben Zeit ist es gewesen, daß uns der Meister*
> (Rodin, d. Verf.) *zu einem Werk des Bildhauers Maillol führte,
> das zum ersten Mal in einer Ausstellung erschienen war und über
> welches er eine große Freude an den Tag legte. Ich habe auch die
> Möglichkeit gehabt, mit R. M. Rilke den Bildhauer Maillol in sei-
> ner Werkstatt zu besuchen.*[11]

Vermutlich kam der Atelierbesuch bei Maillol durch die
Vermittlung Harry Graf Kesslers, des Direktors der Weima-
rer Kunstsammlung und großen Maillol-Mäzens, zustande,
den Rilke im Jahre 1905/06 während seiner Zeit als Rodins
Sekretär in Paris kennengelernt hatte. Er zählte später häufig
zu Clara und Rainer Maria Rilkes Gästen im Hôtel Biron.
Sicherlich hatte sie jedoch bereits vor Graf Kesslers Vermittlung durch Paula Modersohn-Becker und Rainer Maria
Rilke von Maillol gehört, die beide mit Maillol im Jahre

1906 an der Enthüllungsfeier von Rodins ›Denker‹ vor dem Pantheon in Paris teilnahmen.

Auf Hoetger wurde Clara durch Paula aufmerksam, die in den Jahren 1906/07 mit ihm befreundet war und ihn den zukünftig größten deutschen Bildhauer nannte. Nach Paulas Tod entwarf er für sie in Holthausen ein Grabmal und kam deshalb auch nach Worpswede. Ein Beleg dafür, daß Clara den Bildhauer zu diesem Zeitpunkt bereits persönlich kannte, ist eine große alte Fotografie aus Claras Besitz, die den ersten Entwurf des Grabmals zeigt und auf der Rückseite von Hoetger kommentiert ist. Wahrscheinlich ist sie seinen Werken aber schon während ihres zweiten Paris-Aufenthaltes (1902/03) begegnet, denn Hoetger war zu diesem Zeitpunkt in Frankreich (und ab 1903/04 in Deutschland) bereits bekannt.

Auffallend ist, daß die persönliche Begegnung mit diesen beiden Bildhauern sowie die Kenntnis ihrer Werke und Kunstanschauungen keinen nachhaltigen Einfluß auf Clara Rilke-Westhoffs künstlerische Arbeit hatten. Rodins Urteil blieb auch weiterhin, bis etwa 1912, der entscheidende Maßstab ihres künstlerischen Strebens. Deshalb bat sie ihn, durch Rilkes Vermittlung, kurz vor ihrer Rückkehr nach Deutschland um einen letzten Besuch in ihrem Atelier.

Zugleich komme ich, sehr lieber Freund, um Ihnen einen großen Wunsch meiner Frau vorzutragen: (. . .) es wäre für sie ein sehr tiefes und aufrichtiges Bedürfnis, wenn sie Ihnen (. . .) die paar Arbeiten zeigen könnte, die sie in Angriff genommen hat, seit Sie das letzte Mal bei ihr waren. Freitag früh kommt der Gießer, um die Tonmodelle abzuholen, aber wenn Sie ihr morgen einen kleinen Augenblick schenkten, würde sie Ihnen tief dankbar bleiben (. . .).

Nach einem weiteren Aufenthalt bei Anna Jaenecke in Großburgwedel und einer kurzen Reise mit Rilke in den Schwarzwald begab sich Clara Ende September 1909 nach Berlin-Grunewald, um ein Porträt Brigitte Fischers, der Tochter des Verlegerehepaares Fischer, auszuführen, das nicht nur bei den Auftraggebern, sondern auch bei Rilke,

Harry Graf Kessler, Rodin und nicht zuletzt bei Gerhart Hauptmann großen Anklang fand. Insbesondere Hauptmann mußte von der Büste beeindruckt gewesen sein. Zunächst hatte er beabsichtigt, sich von Rodin porträtieren zu lassen, der jedoch so überlastet war, daß er nur noch Porträtbestellungen reicher Amerikaner annahm. Diese Umstände führten dazu, daß der Auftrag an seine Schülerin ging. Die Auftragsverhandlungen führte S. Fischer herbei. Wie wichtig dieses Porträt für Clara war, die sich in dieser Zeit in einer schweren künstlerischen Identitätskrise befand, geht aus ihrem Dankschreiben hervor:

Lieber Herr Fischer, ich möchte Ihnen von ganzem Herzen danken für Ihre hilfreiche und freundliche Art, mir hinwegzuhelfen über eine recht böse Zeit – und Verwirrungen, die ich selbst herbeigeführt hatte, vor allem über meine eigene Unsicherheit, die mich in den Grund hinein erschüttert hatte.

Die Aufgabe, den bekannten Dichter porträtieren zu dürfen, festigte einerseits ihr Selbstbewußtsein, andererseits fühlte sie sich bei dem Gedanken, dieser Persönlichkeit gerecht werden zu müssen, herausgefordert und verunsichert:

Wenn ich trotzdem ruhig zustimme bei dem Gedanken an die Büste von Hauptmann, so kam das vor allem, weil der Gedanke gerade von Ihnen ausgesprochen und gut gefunden wurde. Dann auch kommt es, weil ich tatsächlich jetzt ruhiger sein kann, da die Arbeit bei Ihnen vorausgegangen ist (d. Porträt Brigitte Fischers, d. Verf.) *– und schon für eine andere Arbeit weiterhelfen kann. – (. . .) Ich möchte mit diesem allen sagen, daß ich (. . .) es Ihnen überlassen (möchte), ob Sie es schon an der Zeit finden, davon zu sprechen oder zu warten bis meine Sicherheit durch Aufträge (. . .) noch mehr gefestigt ist.*

Sie beendete das Porträt Gerhart Hauptmanns, das sie im Winter 1909 in Agnetendorf im Riesengebirge begonnen hatte, in Berlin. Hier stand sie mit dem Ehepaar Fischer, von dem sie in dieser Zeit finanziell unterstützt wurde, in freundschaftlicher Verbindung.[12] Zu Beginn des Jahres 1910 war die Familie Rilke wieder vereint. Vom 31. Januar bis zum 21. Februar 1910 wohnte Clara mit ihrer Tochter Ruth und Rilke, der in der Zwischenzeit aus Paris zurückgekehrt war, im Berliner ›Hospiz des Westens‹. Die Rilkes fanden Anschluß an die Berliner Künstler- und Literatenkreise und verkehrten u. a. mit dem Verlegerehepaar Kippenberg, mit Hofmannsthals, Eberhard von Bodenhausen, van de Veldes, Graf Kessler, Vollmoellers, R. A. Schröder, Meier-Graefes, Emil Orlik und mit dem Maler Leo von König. Dennoch war auch der Berliner Aufenthalt nur von kurzer Dauer. Trotz ihrer künstlerischen Erfolge in Berlin kehrte Clara Rilke-Westhoff Pfingsten 1910 nach Oberneuland zurück, wo sich auch Rilke kurzfristig aufhielt, der anschließend einer Einladung Sidonie Nádherný von Borutins auf Schloß Janowitz nach Böhmen folgte.

Münchener Zeit 1911 – 1919

> *›Eine der strahlendsten Münchener Erinnerungen bleibt für mich Clara als das, was sie aus sich gemacht hat.‹*
> (Lou Andreas-Salomé, Tagebuch, 1915)

Im Januar 1911 zog Clara nach München um, wo sie bis zu ihrer endgültigen Niederlassung in Fischerhude im Jahre 1918/19 blieb. Unmittelbar nach dem Umzug wandte sie sich, wohl aus einer Laune heraus, der Holzschnitzerei zu, deren Grundlagen sie in Partenkirchen erlernte. Arbeiten dieses kurzen Intermezzos sind nicht bekannt. Ende Juli 1911 modellierte sie das Porträt Richard Dehmels in Hamburg-Blankenese. Dieser Auftrag befreite sie jedoch nicht von ihren alltäglichen finanziellen Sorgen, sie war vielmehr weiterhin auf die Unterstützung von Mäzenen angewiesen. Vor allem rechnete sie erneut mit der Hilfe S. Fischers, von dem sie sich den Ankauf der Dehmel-Büste versprach:

(. . .) ich möchte Ihnen sagen, was für mich abhängt, wenn Herr Fischer diesen Gedanken verwirklichen sollte. Ich bin – wie ich Ihnen schon erzählte – nahe daran, Ruth hier zu haben – doch ist es immer noch etwas eng, und ich muß es immer wieder hinausschieben. Deshalb würde es jetzt einen großen Unterschied für die Verwirklichung meiner Pläne machen, wenn sich Herr Fischer für einen Ankauf entscheiden würde.

Wenn auch die ständigen existentiellen Nöte ihr Leben belasteten, so erfuhr sie durch die erfolgreiche Beendigung der Hauptmann- und der Dehmel-Büste eine künstlerische Befriedigung und Bestätigung, die ihren Niederschlag in optimistischen Briefen fanden:

Ich werde langsam arbeitsfähiger und hatte neulich großen Atelierbesuch, der mich sehr freute. Die beiden Bronzen (. . .) sehen sehr gut aus und gehen jetzt nach Wien, wo sie bei Heller ausgestellt werden mit einigen anderen Arbeiten. Es war mir eine Freude, sie gießen zu lassen und auch die Patina sich entwickeln zu sehen. Ich hoffe dann auch, noch weiterhin auszustellen, und freue mich mit zunehmender Gesundheit, mich bedeutend leistungsfähiger zu fühlen und eine Riesenfreude an der Arbeit zu haben.

Der Erfolg ihrer letzten Arbeiten gab ihr endlich den Mut, auch ihr Privatleben konsequent zu verändern: Sie bat Rilke um die Scheidung.

Augenblicklich bin ich es selbst gewesen, die ihn gebeten hat, zunächst nicht mit uns zusammenzutreffen, bis ich ein bißchen fester im Leben stehe mit Ruth, das ich mir nun bauen will. Wir werden auch bald geschieden sein, da alles dafür vorbereitet ist. Doch ist es ziemlich kostspielig, was uns noch Schwierigkeiten macht.

Wenige Tage nach dieser Unterredung, am 30. 9. 1911, teilte Rilke seinem Prager Rechtsanwalt Dr. Joseph Stark mit:

(. . .) der Wunsch ging von meiner Frau aus, und wir haben uns über denselben nicht nur auf das Freundschaftlichste geeinigt, sondern geradezu im Gefühl, daß eben dieser Schritt uns in den Stand setzen wird, einander diejenige Freundschaft zu bewahren (. . .), die wir von Anfang an füreinander gehabt haben. Auch leben wir ja

tatsächlich seit so vielen Jahren schon getrennt, so daß die gerichtliche Scheidung nur gleichsam nachträglich ein Verhältnis zu bestätigen hätte, das in Wahrheit längst besteht und sich natürlich und endgültig zwischen uns herausgebildet hat.

Durch rein bürokratische Schwierigkeiten, wie beispielsweise die verschiedenen Konfessionen, die Staatsangehörigkeit oder den Aufenthaltsort, sahen die Rilkes schließlich aufgrund der zu erwartenden hohen Kosten von einer Scheidung ab.

Im Frühjahr 1912 konnte Clara endlich ihre inzwischen elfjährige Tochter nach München holen. Finanziell war dieser Entschluß dadurch abgesichert, daß sie eine Unterstützung von Rilke aus dem Legat seiner 1911 verstorbenen Cousine Irene von Kutschera sowie eine Stiftung von 10000 Mark von der mit Rilke bekannten Pädagogin Eva Cassirer erhielt.

Rilke selbst sah sich dagegen außerstande, finanzielle Mittel zur Verfügung zu stellen, auch dann nicht, als sein monatliches Einkommen vom Insel-Verlag auf 500 Mark erhöht wurde. Dennoch sollte Ruth mit den vorhandenen Geldern der Besuch der Odenwald-Schule ermöglicht werden. Obwohl Rilke diesen Plan als »das Richtigste für Ruth« bezeichnete, verweigerte Clara ihre Zustimmung für diese Schule. Der Erziehungszuschuß blieb jedoch trotzdem bestehen und wurde bis 1914 monatlich ausbezahlt. Das Zusammenleben von Mutter und Tochter gestaltete sich ausgesprochen harmonisch:

Clara ist recht froh des gemeinsamen Lebens mit dem kleinen Mädchen, es scheint, alles befestigt sich dort, Aufträge treffen ein, und praktisch und ideal wird alles immer wirklicher.

Ironisch beschrieb Clara dieses noch ungewohnte, geruhsame Leben in einem Brief an Hedwig Fischer:

Wir bilden uns ein, Fortschritte im bürgerlichen Leben zu machen, Ruth und ich – aber vor allem ich – und wenn das nicht nur Einbildung wäre, wär's herrlich.

Der zögernde Versuch, ein bürgerliches Leben zu führen, gelang. Clara und ihre Tochter wurden in München seßhaft:

ABB. 21: CLARA RILKE-WESTHOFF: BILDNIS RICARDA HUCH,
GIPS, 1912

(. . .) und darum will ich Ihnen noch erzählen, daß Ruth und ich wirklich ein bißchen seßhafter geworden sind und eine kleine Wohnung haben, die wir sehr lieben. Wir haben sogar ein gemietetes Klavier und ein Telefon und finden es nun ganz natürlich, daß wir ein wirkliches Heim haben, wo wir zu Hause sind. Das habe ich nun so viele Jahre nicht gehabt und bin immer so unstet und eigentlich ruhelos herumgezogen. Früher in Paris war das ja schön und hatte seinen Sinn – aber den hatte es nun lange nicht mehr.

Wesentlich zur Herausbildung dieser bürgerlichen Existenz trug Claras Behandlung durch den Psychoanalytiker Freiherr von Gebsattel in München bei, der sie sich im Frühjahr 1911 bis Sommer 1912 unterzog. Am 27. 7. 1911 schreibt sie an Hedwig Fischer:

Was mich hier in München trotz der Hitze so standhaft festhält, ist der Arzt, bei dem ich eine langwierige Kur durchmache. Diese Kur, die auch seelischer Art (ist), soll mir helfen, mein Leben wirklich einmal in die Hand zu bekommen, (was ich nie hatte, wie Sie gewiß oft bemerkt haben). Deshalb ordne ich alles andere dieser Sache unter.

Ihre neugewonnene Selbstsicherheit führte zu einer erhöhten künstlerischen Schaffensfreude, die sich in einer Reihe eindrucksvoller Porträtbüsten dokumentierte. Die bemerkenswertesten Büsten dieser Phase sind das Proträt Ricarda Huchs *(Abb. 21)* und das Bildnis des Schriftstellers Karl Wolfskehl (Abb. 23), der dem um 1900 aus dem George-Kreis hervorgegangenen Münchener Kosmikerkreis um Alfred Schuler angehörte.

Clara richtete sich in ihren Darstellungen nicht nach dem klassisch-akademischen Schönheitsideal, sondern fühlte sich eher der Auffassung Rilkes verpflichtet, der die Aufgabe der Plastik darin sah, »nicht die Augenblicksmiene eines Menschen, nicht sein Gelegenheitsgesicht« und seine »Alltagsgesten« festzuhalten. Deshalb versuchte Clara, alles in konventionellem Sinne Schöne, Modische und Zeitgebundene, zu negieren und individuelle Wesenszüge ins Zeitlose zu transponieren. Sie stieß mit dieser Ansicht jedoch nicht

ABB. 22: RICARDA HUCH, PHOTOGRAPHIE VON 1912

immer auf Gegenliebe. So wußte Rilke am 6. 11. 1912 Hedwig Fischer zu berichten, daß Ricarda Huch ihr Porträt ablehnte:

Außerdem sah ich im Atelier meiner Frau eine sehr stark und fest aufgefaßte Ricarda Huch (die sie selbst nicht liebt, was man ihr nicht verübeln kann, die aber wahr ist, wie ein Jüngstes Gericht).

Dieser Eindruck einer »stark und fest aufgefaßten Ricarda Huch« entsteht durch die komprimierte, schonungslose Darstellung ihrer Persönlichkeit und durch den Verzicht auf schmeichelnde oder gar repräsentative Züge. Das Porträt entsprach beispielsweise nicht Ricarda Huchs äußerer Erscheinung. Dies wird insbesondere durch den Vergleich mit einer im selben Jahr aufgenommenen Fotografie *(Abb. 22)* deutlich: Im Gegensatz zu dem Porträt wirkt die Schriftstellerin auf dem Foto wesentlich jünger und vitaler. Es war jedoch nicht Claras Absicht, einen fotografischen Abklatsch der äußeren Wirklichkeit zu schaffen, sondern sie wollte vielmehr innere Wesenszüge herausarbeiten. So zeigt ihre Arbeit ein gereiftes Gesicht voller Schwermut, Ernst und Lebensweisheit, das von einem resignativen Zug geprägt ist. Die Selbsteinschätzung Ricarda Huchs war jedoch eine völlig andere, wie die Fotografie beweist: Die Schriftstellerin ließ sich als gepflegte, attraktive und selbstbewußte Erscheinung, als mondäne, schöne Dame in weißer Spitzenbluse und pelzbesetztem Mantel ablichten. Ihre Ablehnung ging deshalb bis zur Verleugnung des Porträts, das ihrem konventionellen Schönheitsideal in keiner Weise entsprach. Clara, die sich von der abwehrenden Haltung der Schriftstellerin nicht irritieren ließ, berichtete dem Direktor der Mannheimer Kunsthalle, Fritz Wichert, dem sie die Gipsbüste Ricarda Huchs im Sommer 1912 für einige Monate (für eine Ausstellung?) überließ:

Frau Huch möchte gern, daß ihre Büste nur als ›Porträtbüste‹ bezeichnet wird – man kann aber denen, die es interessiert, ruhig sagen, daß es Ricarda Huch ist.

Diese Reaktion ist um so erstaunlicher, da Clara den neuromantischen Anspruch Ricarda Huchs, daß der Mensch

Abb. 23: Clara Rilke-Westhoff: Karl Wolfskehl,
Gips, um 1912/13

nicht nur ein Bündel von Eindrücken sei, sondern Geist und Seele in sich trage, in ihrem Porträt verwirklicht hat.

Zu dem Münchener Freundeskreis Ricarda Huchs gehörte der Schriftsteller Karl Wolfskehl, den Clara Rilke-Westhoff um 1912/13 modellierte *(Abb. 23)*. Diese Arbeit, die zu ihren lebendigsten und bewegtesten Porträts gehört, erscheint wie die plastische Umsetzung einer Charakterisierung der Malerin Lou Albert-Lasard von Wolfskehl:

Schlank und groß, immer voller Feuer; seine Augen, die von einem seherischen Glanz leuchteten, sahen fast nicht mehr. Er witterte mehr die Menschen und die Dinge, als daß er sie sah (. . .). Empfänglich, explosiv, überschäumend von Enthusiasmus, war er von umfassendem Weisen, großer Gelehrsamkeit. Immer geistvoll kamen seine Worte oft stoßweise heraus, bald kurz und überstürzt (. . .) oder auch wie ein sprühendes Feuerwerk.

Der jäh zur Seite gewandte Kopf und der leicht gedrehte Oberkörper mit der hochgezogenen linken Schulter sind von heftiger Bewegung erfüllt. Durch diese Drehung und Achsenverschiebung ist jede Art von Frontalität aufgegeben, der Betrachter wird vielmehr dazu aufgefordert, den Standpunkt zu wechseln und um die Büste herumzugehen. In malerisch-skizzenhafter Modellierung hielt Clara die flüchtige Erscheinung gespannter Konzentration und geistiger Energie der Gesichtszüge fest. Die halbgeschlossenen Augen verleihen Wolfskehl einen rätselhaften, dämonischen Ausdruck. Die Bewegung des Antlitzes setzt sich in der asymmetrischen Haltung der unregelmäßig fragmentierten Schultern und der leichten Drehung des Oberkörpers fort, der torsoartig aus dem Block unbearbeiteten, unregelmäßigen Materials emporwächst. Durch diesen Kontrast von »roher« und bearbeiteter Materie betonte Clara die Skizzenhaftigkeit ihrer Arbeit, die das Momentane, die Bewegung und die dadurch hervorgerufene Veränderbarkeit festhält. Die lebendige Modellierung sowie die bewegte Haltung verstärken den Eindruck unmittelbarer, bacchantischer Dynamik und lebensbejahender Überschwenglichkeit. Diese Arbeit gehört zu den wenigen Werken der Künstlerin, die eine ansteckende Lebensfreude vermitteln. Clara Rilke-Westhoff soll sich im Alter, nachdem sie zu ihrem eigentlichen Stil, einer beruhigteren, strengeren Formgebung, gefunden hatte, von dem Werk distanziert haben, das sie als »zu naturalistisch« bezeichnete.

Clara war in dieser Zeit voller Pläne und Arbeitseifer. So bedauerte sie den Tod des mit ihr befreundeten dänischen Dichters Herman Bang und schrieb an Hedwig Fischer:

Ich war traurig zu hören, daß Herman Bang gestorben ist, ohne daß ich ihn modelliert habe. Ich liebte ihn sehr und würde ihm eine schöne Büste gemacht haben, denn sein melancholisches verhängnisvoll groteskes Gesicht hat mich sehr ergriffen, und ich ging immer mit dem Gedanken herum, dies einmal in seiner Größe herauszuheben aus allem Alltag. Gerade jetzt, wo ich einen viel direkteren Weg zum Ausdruck finde als früher, wo ich mich oft durch Krankheit und Unfähigkeit gehindert fühlte.

In dieser Phase bemühte sie sich beispielsweise auch um den Auftrag für ein Denkmal Friedrich von Bodelschwinghs. Rilke, der sich trotz geplanter Scheidung weiterhin für seine Frau einsetzte, berichtete über ihre beabsichtigte Bewerbung zuversichtlich:

Richtig, was ich sagen wollte. Durch ihre Beziehungen zu den Ledeburs hat Clara einige Aussicht, das Denkmal für den alten Bodelschwingh zu bekommen, das auf der Stelle seiner eigentümlichen Tätigkeit ihm errichtet werden soll; es ist ein Concours ausgeschrieben, an dem sie sich eifrigst beteiligen möchte, es wäre für sie natürlich moralisch und praktisch überaus entscheidend, sich an einem solchen wirklich großen Auftrag zu fühlen. Sie war in Bielefeld neulich und sehr zu der Sache aufgemuntert. Nun versuche ich zu erfahren, wer das betreffende Comité in Bielefeld ausmacht.

Zwischen Mai 1912 und dem Ausbruch des Ersten Weltkrieges kam es zu einer Ausstellung der Denkmals-Entwürfe im Evangelischen Vereinshaus zu Bielefeld. Es ist jedoch nicht gesichert, ob sich Clara Rilke-Westhoff daran beteiligte und welcher Bildhauer letztlich den Auftrag erhielt. Die Ausführung des Denkmals wurde durch den Ausbruch des Ersten Weltkrieges verhindert.

Lou Andreas-Salomé, die mit Freud und Gebsattel befreundet war und die Psychoanalyse im Freudschen Sinne seit 1913 selbst praktisch ausübte, schrieb die positive Entwicklung, die sie 1915 bei Clara Rilke-Westhoff bemerkte, der Therapie Gebsattels zu. In ihrem Tagebuch notiert sie:

Eine der strahlendsten Münchener Erinnerungen bleibt für mich Clara als das, was sie aus sich gemacht hat. Wie trostvoll ist es, daß dergleichen möglich ist und sich ermöglicht inmitten ganz der gleichgebliebenen schwierigen, vereinsamenden oder eifersuchtweckenden oder sonstigen Umstände. Las man ihre psychoanalytischen Berichte an Gebsattel vor ein paar Jahren, dann konnte man dran nicht glauben; aber – abgesehen noch von Fehlern, die er gemacht haben mag (. . .) – ist es doch bezeichnend, wie die Analyse jeder Art notwendig »verhäßlicht«, wo die Lebenssynthese, dieses Wunder des erreichten Genesenseins, so machtvolle Schönheit ausgießt. (. . .) Wunderlich seltsam: auf Rainer, der doch unter Claras früherem Wesen (mit und ohne Schuld) so litt, hat ihre Wandlung im Grunde keinen Eindruck gemacht.

Letzte Begegnung mit Rodin in Paris 1913

›Ich habe nie zu hoffen gewagt, daß Rodin für mich (Modell) sitzen würde.‹
(An Rainer Maria Rilke, undatiert)

Im Sommer 1912 erhielt die Bildhauerin von Fritz Wichert, dem Direktor der Kunsthalle in Mannheim, den Auftrag, Auguste Rodin zu porträtieren. Um diesen Auftrag zu erhalten, schickte sie Wichert einige Werkfotografien, insgesamt acht Plastiken und das Zeugnis Rodins (Abb. 14), das er ihr im Jahre 1903 für eine Bewerbung um ein Stipendium beim Bremer Senat ausgestellt hatte. Von ihren frühen, um 1903 entstandenen Arbeiten distanzierte sie sich interessanterweise und hielt sich erst jetzt für fähig, diesen großen Auftrag der Mannheimer Kunsthalle auszuführen:

Es (das Zeugnis Rodins, d. Verf.) *ist aber schon von 1903, und meine eigentlichen Fortschritte, die mich Rodin wirklich nahebrachten, habe ich erst nachher gemacht. Mein Wunsch, Rodin zu modellieren, ist schon alt – ich habe aber nie an die Verwirklichung gedacht, bis jetzt, weil ich eine ganz bestimmte Sicherheit des Ausdrucks erst erreichen wollte, die ich jetzt erprobt zu haben glaube, und damit fühle ich auch eine gewisse Verpflichtung, es nun bald zu tun. Es würde mich sehr freuen, von Ihnen bald eine Nachricht zu haben, die mich dieser Verwirklichung näherbringt.*

Rodins Zustimmung zu diesem Porträt versuchte Clara durch Rilke zu erlangen:

Herr Wichert hat seit einiger Zeit begonnen, die Porträts unserer größten Künstler in einer Galerie zu vereinen, und es wäre sein Wunsch, Ihrer Büste darin einen Ehrenplatz zu geben; da er nun auf einer kürzlichen Ausstellung den Arbeiten meiner Frau einiges Interesse abgewann, betraute er sie damit, diese Büste auszuführen.

Im Herbst desselben Jahres sagte ihr Rodin zu, und Clara Rilke-Westhoff sah der Ausführung dieses Plans voller Vorfreude entgegen. An Rilke schrieb sie:

Ich habe nie zu hoffen gewagt, daß Rodin für mich sitzen würde; wenn ich das Bedürfnis habe, eines Tages diese Arbeit auszuführen, die er mir in seinem großen Entgegenkommen gestatten wollte, so habe ich noch mehr das Bedürfnis, ihn wiederzusehen, (. . .) vielleicht etwas inmitten seiner Gehilfen zu arbeiten, wie ich das seinerzeit tun durfte – kurzum, einen Augenblick in die wesentliche und belebende Atmosphäre einzutauchen, die er ausstrahlt und die, wie keine andere, das gesunde Klima meiner Arbeit und meiner Kunstauffassung gewesen ist.

Als sie jedoch Mitte April 1913 in Paris eintraf, hatte Rodin seine Meinung über das Porträt, aus nationalen Gründen, längst geändert:

Rodin schrieb mir auf meine Anfrage einen freundlich zusagenden Brief. Als ich aber in Paris eintraf, hatte er es sich anders über-

ABB. 24: CLARA RILKE-WESTHOFF: PORTRAIT VON
SIDONIE NÁDHERNÝ VON BORUTIN, TERRAKOTTA, 1913

legt und meinte, er könne sich nicht für ein deutsches Museum por-
trätieren lassen, solange in Frankreich noch kein Porträt von ihm
bestehe.

Sämtliche Bemühungen Rilkes, Rodin umzustimmen,
blieben erfolglos:

Indessen, nachdem ich einen langen Brief an Frau Rilke geschrie-
ben habe, begreife ich, daß es eine Katastrophe für sie wäre, wenn sie
völlig auf diesen schönen Plan verzichten müßte; seitdem Sie, in
Ihrem guten Briefe, einwilligten, daß diese Arbeit eines Tages ge-
schehen sollte, war ihr ganzes Leben nur eine Vorbereitung auf diese
höchste Aufgabe. (. . .) Und es ist von entscheidender Bedeutung im
Leben eines Künstlers, daß er sich einmal einer höheren Arbeit wid-
men kann und so gezwungen ist, alle Kräfte seines Wesens, die sich
vielleicht noch nie in dem gleichen Aufschwung begegneten, hierauf
zu konzentrieren.

Rilke bat Rodin am 4. 4. 1913 eindringlichst darum, seiner ehemaligen Schülerin, für die Rodin »von Anfang an der
Meister« gewesen sei, »der die besten Regungen ihres ent-
schlossenen Talents zu leiten wußte«, diese Chance zu gewähren. Er ging sogar so weit, Rodin zu bitten, seiner Frau
nur einige wenige Augenblicke, beispielsweise bei der
Durchsicht seiner Post, zu gewähren. Ihre »geschärfte Auf-
merksamkeit« würde ausreichen, das Porträt zu schaffen und
sie völlig mit seiner »Gegenwart zu erfüllen«. Rodin blieb
bei seiner Weigerung, stellte ihr jedoch als Entschädigung
sein Atelier in der Rue de l'Université für die Dauer ihres
Pariser Aufenthaltes zu Verfügung. Dort entstand die Büste
der mit Rilke befreundeten Sidonie Nádherný von Borutin
(Abb. 24), in der sich Claras Bestrebung nach größerer Form-
strenge und Dichte durchsetzt. Zeichneten sich die vorange-
gangenen Arbeiten, wie z. B. die Büste G. Hauptmanns,
R. Huchs (Abb. 21) oder K. Wolfkehls (Abb. 23), durch eine
malerisch-bewegte, skizzenhafte Behandlung der Oberfläche und Form aus, so folgt von 1913 bis 1930 eine Phase der
Formberuhigung, die mit der Nádherný-Büste beginnt. Die
Ausführung dieser Arbeit tröstete Clara über die Enttäu-

schung mit Rodin hinweg und stellte einen Höhepunkt ihres Schaffens dar:

(. . .) es ist herrlich für Clara Rilke (. . .); ich muß mir immer vorstellen, wie verfehlt ihr diese Zeit geworden wäre, ohne Ihre Güte.

Sidonie Nádherný von Borutin, die viel mit Clara in Paris unternahm, schrieb über die am 3. Mai 1913 begonnenen Porträtsitzungen in ihr Tagebuch:

(. . .) is decided that Clara Rilke shall begin my bust tomorrow. – Well, my bust was began, I sat morning and afternoon, nearly daily, in Rodin's atelier, rue de l'Université 182, saw over the windows trees and heaven, while around me Rodin's marble works. And my bust grew to great beauty beneath Cl. Rilke's hands. It is finished tomorrow. Once Rodin came to it with Cladel, twice R. M (Rainer Maria, d. Verf.), often Mrs. Stieve.

Trotz dieser günstigen Arbeitsbedingungen war das Verhältnis zwischen den Rilkes und Rodin durch dessen Weigerung, Modell zu sitzen, fortan getrübt, und insbesondere Rilke distanzierte sich entschieden von ihm. Darüber können auch die herzlichen Abschiedszeilen Clara Rilke-Westhoffs an den Bildhauer nicht hinwegtäuschen. Als Rodin vier Jahre später, am 17. November 1917, starb, reagierte sie jedoch mit Bestürzung: »Paris scheint mir ganz verödet ohne ihn« – und fragte sich voller Trauer,

ob man einmal später wieder in Paris gehen wird und die Omnibusse fahren, und das Leben geht seinen Gang? Und ob man wieder wie früher am Quai gehen kann, und da findet man vielleicht unter vielem Rodins Totenmaske? (. . .) Jetzt greifen wir mit leeren Händen all den versinkenden Dingen nach und langen in die Luft. Wo gehen sie hin?

Den Sommer 1913 verbrachte Clara mit ihrer Tochter in Norddeutschland, ehe sie endgültig nach München zurückkehrte, wo sie sich auch während des Krieges hauptsächlich aufhielt. Neben Rilke, mit dem sie weiterhin freundschaftlich verkehrte, gehörten u. a. Lou Andreas-Salomé, die Malerin Lou Albert-Lasard und die Schriftstellerin Annette

Kolb zu ihrem Freundeskreis. Ein besonderes Verhältnis hatte sie zu Lou Andreas-Salomé, die in ihrem Tagebuch über Claras Einstellung zu den Entbehrungen des Krieges schrieb:

Ich denke dran, wie Clara leuchtend und freundlich war. Wie sie bei der Brotknappheit sagte, es sei doch herrlich, daß das Brot jetzt dadurch so zu Ehren und Wert käme; (. . .) sie sprach nur ihre eigene Freude am Täglichen, die Ehrenrettung des einfachen Erlebens und Genusses darin aus.

Dieser anfängliche Versuch, den Auswirkungen des Krieges eine »postive Seite« abzugewinnen, scheiterte an der Verschärfung der Versorgungslage, die die künstlerische Arbeit vollkommen in den Hintergrund drängte:

Aber ich laufe ja so viel in der Stadt herum auf der Jagd nach Lebensmitteln, daß alle Zeit damit vergeht. (. . .) Sie können sich denken, wie das ist, und ich will doch auch immer gern ein paar Stunden im Atelier sein.

Die materielle Not und die Brutalität des Krieges versuchte sie zu verdrängen, indem sie die Idylle und die Gemeinschaft der frühen Worpsweder Jahre herbeisehnte. In einem Brief an Heinrich Vogeler vom 10. 12. 1914 beschrieb sie einen Traum, in dem sie den friedlichen Barkenhoff besuchte:

Und es war so, als sei Krieg und Unglück eine ferne Vergangenheit!

Der »Unsicherheit aller äußeren Dinge« hielt sie die inneren, menschlichen Beziehungen entgegen:

Die innere(n) Beziehung(en) (. . .) werden uns mehr wie alles andere wieder aufbauen helfen, weil in ihrer Wärme Vertrauen und Zuversicht wieder aufblüht.

Diese inneren Beziehungen suchte sie in dem esoterischen Kreis um den mit Ludwig Klages eng verbundenen Schriftsteller und Privatgelehrten Alfred Schuler, der im Frühjahr 1915 in München mehrere Vorträge über die Antike hielt. Die Persönlichkeit Alfred Schulers hinterließ einen starken Eindruck bei Clara Rilke-Westhoff, die ihre

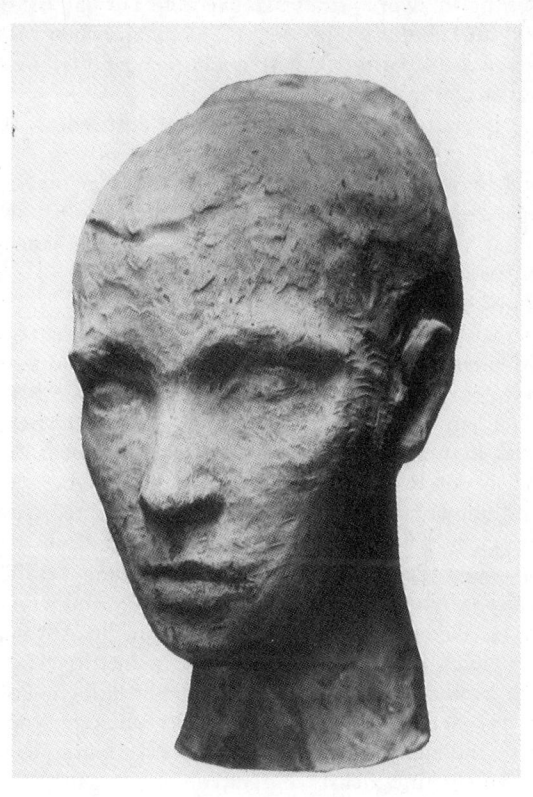

ABB. 25: CLARA RILKE-WESTHOFF: PORTRAIT KERSTIN STRINDBERG,
GIPS, 1913/14

Verehrung in zwei Porträts manifestierte. Für das erste Porträt saß ihr Schuler im Jahre 1915/16 in München Modell, das zweite, im Ausdruck stark zusammengefaßte, postume Porträt entstand 1923 in Fischerhude.

Der Literaturwissenschaftler Werner Vortriede schildert einen Atelierbesuch bei Clara:

Im Hinterzimmer des Ateliers ist man dann nur bei Schuler. Dreimal steht der geheimnisvolle Kopf da: als Ton-Original, das Gipsmodell, der Bronze-Abguß. Dies ist sicher ihr Meisterwerk. Halb geschlossene Augen, ein triumphierendes Lächeln, Zeichen von der Sicherheit einer Welt, die er in sich trägt.

Die Lebensbedingungen während des Krieges hatten entscheidenden Einfluß auf Claras künstlerische Produktivität. Neben dem erwähnten Porträt Alfred Schulers entstanden lediglich einige Porträts aus ihrem Freundes- und Bekanntenkreis. In dieser Phase des persönlichen Umbruchs wandte sich Clara von Rodins bewegter, skizzenhafter Oberflächenbehandlung ab und entwickelte eine vereinfachte, stilisierte Formsprache. Diese Formberuhigung kennzeichnet bereits die 1913 in Paris entstandene Büste Sidonie Nádhernýs (Abb. 24) sowie die erste Büste Kerstin Strindbergs von 1913/14. Der überzeugendste Vorstoß in die Abstraktion und zugleich Höhepunkt dieser experimentellen Phase ist jedoch zweifellos die zweite Fassung des Strindberg-Porträts *(Abb. 25),* der auf ein einfaches Oval reduzierte Kopf auf kurzem, säulenartigem Hals. In dieser Plastik ging es Clara nicht um eine möglichst naturgetreue Wiedergabe des Modells, um ein Individualporträt, sondern um die Geometrisierung der menschlichen Physiognomie. Es ist bedauerlich, daß Clara diesen Weg nicht weiterging. Dem Direktor der Bremer und später der Hamburger Kunsthalle, Gustav Pauli, fiel Claras Stilwandel auf, den er in einem Brief an Rilke vom 28. 3. 1917 folgendermaßen charakterisierte:

Die impressionistische Unruhe früherer Arbeiten ist hier überwunden und gehörte vielleicht auch nicht ganz zu dem eigentlichen Wesen Ihrer Gattin, von dem ich immer angenommen habe, daß es vielmehr auf eine monumental vereinfachte Form ausgerichtet sein müsse.

Die Ungewißheit über den Ausgang des Krieges und die schlechten wirtschaftlichen Verhältnisse führten dazu, daß kaum noch Aufträge aus dem Bürgertum kamen. Die wenigen Porträtbestellungen, die Clara Rilke-Westhoff in der Kriegszeit erhielt, reichten nicht aus, ein ordentliches Auskommen zu sichern. Clara griff deshalb erneut eine alte Idee auf, sich nach einer Lehrtätigkeit im Staatsdienst umzusehen. Rilke verwendete sich daraufhin am 10. 2. 1917 bei dem Verleger Kurt Wolff, um für seine Frau eine Lehrtätigkeit an der großherzoglichen Kunstschule in Darmstadt zu erhalten:

Sie wissen, daß meine Frau, Clara Rilke-Westhoff, Bildhauerin ist, Schülerin Rodins in ihrer früheren Jugend, von ihm oft freundlich und entscheidend anerkannt. Schon vor drei oder vier Jahren erwogen wir einmal die Möglichkeit, ob sie nicht an einer der deutschen Kunstschulen eine Lehrerstelle beanspruchen sollte. Ihr technisches Können ist groß, nach Rodins Meinung »vollzählig«, und wo sie in vergangenen Jahren Privatschüler angenommen hatte, da brachte sie sie zu guten Fortschritten und empfand selber über dieser vermittelnden Tätigkeit eine erfreuliche Genugtuung und Befestigung. Ein rechter Versuch, ihr eine Lehrtätigkeit zu erwirken, ist aber nie unternommen worden. Jetzt sprechen nun mehrere Umstände (. . .) dafür, einen wirklichen Schritt in diesem Sinne zu versuchen (. . .).

Die Antwort Kurt Wolffs ließ keinen Zweifel daran, daß die letztlich entscheidende Instanz für eine Anstellung an der großherzoglichen Kunstschule in Darmstadt der Großherzog von Hessen-Darmstadt sei. Rilke versuchte daraufhin sehr diplomatisch, die Gunst des Großherzogs zu gewinnen, indem er Wolffs Hinweis, »daß die Erreichung eines Porträtauftrages im großherzoglichen Hause nicht ganz undenkbar wäre«, aufgriff und die künstlerischen Fähigkeiten seiner Frau überaus positiv hervorhob:

Im Porträt hat Clara Rilke seit Jahren Beweise von Können und sicherer Erfassung gegeben, und gerade ihre beiden letzten Bildnis-

aufträge haben zu Ergebnissen geführt, die auch vor dem strengsten Urteil in einfacher Selbständigkeit standhalten. (. . .) So würde man in Darmstadt auf einiges Gelingen rechnen dürfen, wenn man sich einmal entschlösse, diese ernsteste deutsche Schülerin Rodins durch eine willkommene Aufgabe zu unterstützen.

Hinter diesen Bemühungen verbargen sich sowohl die Absicht, einen lukrativen Auftrag für Clara zu erhalten, als auch der Plan, ein persönliches Verhältnis zum Großherzog »herzustellen und zu erproben«. Alle Versuche, dieses Ziel zu erreichen, scheiterten jedoch, da eine persönliche Begegnung mit dem Großherzog nicht zustande kam.

Fischerhuder Zeit 1919–1954

> *›— warum macht das Malen so glücklich?‹*
> (Tagebuch, 19. 6. 1925)

Enttäuscht von dem negativen Ausgang des Darmstädter Projekts, reiste Clara Rilke-Westhoff im Frühjahr 1917 nach Norddeutschland, wo ihr mehrere Aufträge angeboten wurden. In Travemünde schuf sie das Grabmal eines gefallenen Fliegers, in Hamburg das Porträt Gustav Paulis und das bedeutende Bildnis des Hamburger Bankiers Theo Behrens. Den Rest des Jahres verbrachte sie mit Ruth in Fischerhude, wo Claras Mutter seit 1914 ein kleines Fachwerkhaus bewohnte. Das Beispiel der Mutter verstärkte Claras Entschluß, ein eigenes Haus zu bauen, in das sie, nach Fertigstellung im Jahre 1919, endgültig übersiedelte. Im Sommer 1918 verbrachte sie noch einmal mehrere Wochen zusammen mit Ruth in München, wo sie häufig mit Rilke zusammentrafen. Diese Treffen sollten ihre letzten Begegnungen in Deutschland sein, bevor Rilke im Juni 1919 in die Schweiz übersiedelte und nicht mehr nach Deutschland zurückkehrte. Die wirtschaftliche Krise der Nachkriegszeit machte auch für

Clara Rilke-Westhoff das Leben schwierig und entbeh-
rungsreich. Mehr denn je war sie auf Auftragsarbeiten angewiesen. Es gelang ihr jedoch, einige Aufträge von wirtschaftlichen Interessenverbänden zu erhalten. Neben diesen
Arbeiten entstand der kleinformatige Akt einer sitzenden
Frau, die in entspannter Haltung und mit geschlossenen
Augen träumerisch vor sich hin lächelt *(Abb. 26)*, sowie das
beeindruckende postume Porträt Alfred Schulers, das sie ein
Jahr nach seinem Tode schuf. Beide Werke sind Produkte
unabhängigen, freien Schaffens, ohne daß eine Bestellung
dahinterstand. Vom Erlös der Auftragsarbeiten bestritt sie
zum Teil ihren Lebensunterhalt, im wesentlichen war sie jedoch weiterhin von den monatlichen Überweisungen von
Rilkes Verleger Anton Kippenberg abhängig. Während dieser Zeit lebte Clara Rilke-Westhoff zurückgezogen in Fischerhude, das sie nur gelegentlich verließ. Im Sommer
1922 fuhr sie für kurze Zeit nach Berlin, wo sie vermutlich
mit der Bildhauerin Renée Sintenis zusammentraf, die seit
1917 mit Rilke befreundet war. Im Jahre 1924 reiste sie nach
Holland und besuchte dort u. a. die private van-Gogh-
Sammlung von Helene Kröller-Müller in Den Haag. Anschließend fuhr sie vom 17. bis 29. Mai zusammen mit
ihrem Bruder Helmuth Westhoff nach Muzot im Wallis, um
dort den bereits kranken Rilke wiederzusehen. Über dieses
Zusammensein, das ihre letzte Begegnung vor Rilkes Tod
am 29. Dezember 1926 sein sollte, berichtete Rilke seinem
Verleger am 28. 5. 1924:

(. . .) Clara Rilke hat mir viel von ihren Arbeiten erzählt, mir
auch Abbildungen vorgelegt (besonders bedeutend war mir die, aus
dem Gedächtnis und aus zusammenfassender innerer Erfahrung, so
seltsam gültig gestaltete Schuler-Büste); am meisten aber ließ ich
mir von Ruth berichten und von Christinchen, und wir haben uns in
den einfachsten und elementarsten Übungen der Großelterlichkeit
gegenseitig nach Kräften unterstützt und gefördert.

Um 1925 wandte sich Clara Rilke-Westhoff mit wachsen-

ABB. 26: CLARA RILKE–WESTHOFF: SITZENDER WEIBLICHER AKT,
BRONZE, UM 1920/21

dem Interesse der Malerei zu. Seit der Mitte der zwanziger Jahre bis zu ihrem Tode wurden die Gemälde immer zahlreicher; neben Temperabildern, Gouachen und Pastellen schuf sie etliche Ölgemälde *(Abb. 27)*, so daß schließlich neben ihrem plastischen Œuvre ein ebenso umfassendes malerisches Werk entstand. Diese intensive Beschäftigung mit der Malerei wurde durch eine zeitweilige Krise in ihrem plastischen Schaffen ausgelöst. Die wenigen Porträts, die sie modellierte, zeigen keine neuen künstlerischen Ansätze, obwohl Clara in dieser Zeit keine finanziellen Sorgen hatte. Die Malerei, der sie sich daraufhin ganz bewußt und abrupt zuwandte, symbolisierte für sie alle Freiheiten, auf die sie beim Modellieren immer verzichten mußte, wie etwa das freiwillige Arbeiten ohne den Zwang des Broterwerbs, die Unabhängigkeit vom Auftraggeber und vom Modell, eine freie Zeiteinteilung und freie Wahl der Motive sowie letztlich die zahlreichen Möglichkeiten des Experimentierens. Das plastische Schaffen war ihr in dieser Zeit verleidet. Ohne inneres Engagement führte sie die Arbeiten aus. Dies belegt eine Tagebucheintragung vom 19. 6. 1926, in der sie auf die Vorbereitung für eine Ausstellung eingeht:

Heute habe ich den ganzen Tag an dem kleinen Jungen gearbeitet, den ich jetzt in Wachs geformt habe. Es macht mir sehr viel Spaß. Schließlich aber wurde ich müde, und der Gedanke, ihn ausstellen zu müssen, freute mich nicht mehr. Ich fing an, ihn mit Kritik zu betrachten. Dann kam Mutter und sagte, ich sollte den kleinen Ahlborn doch mit ausstellen, weil gar keine neue Sache mit ausgestellt würde. Ich besah ihn mir daraufhin noch einmal und machte ihm einen Sockel. Ich beschloß, ihn doch nicht auszustellen. War aber auf einmal so entmutigt, daß ich gar nicht wußte, was los war! Ging in den Garten und beschäftigte mich mit Unkrautausreißen bei den Blumen. Wurde immer trauriger – ging mit ganz krummem Rücken, fand den blumenlosen ungepflegten Garten trostlos, die halb ausgegangenen Rosen.

Der verwilderte Garten und die verwelkten Rosen werden zur Metapher für die Konzeptionslosigkeit und Willkür

ABB. 27: CLARA RILKE-WESTHOFF: BAUERNJUNGE MIT HOLZ-
SCHUHEN, ÖL AUF HOLZ, UM 1935

ihres plastischen Schaffens. Clara erkannte zwar, daß ihr Gefühl der »Unfreiheit« nicht nur am Medium der Plastik lag, sondern vor allem auch ihr individuelles Problem war. Theoretisch war sie sich bewußt, daß auch sie »frei«, also ohne äußeren Druck, modellieren könnte, doch praktisch konnte sie sich in dieser krisenhaften Zeit nur im Medium der Malerei wohlfühlen:

Jetzt wird mir langsam wieder freier und froher, weil ich mir sage: auch wenn ich modelliere – habe ich Zeit – kann es von mir abrücken – kann warten – kann es anders probieren – warum macht das Malen so glücklich? Warum sitze ich stundenlang vor der kleinsten dummsten Sache – in dem Gefühl vor der ganzen Weite der Zukunft zu sitzen? Ich bin so ungeschickt im Malen, und doch bedeutet jeder Pinselstrich einen Fortschritt – auch wenn er ganz mißglückt ist.

Wie bedeutsam dieser Einschnitt in ihrem Leben war, läßt sich daran ermessen, daß Clara Rilke-Westhoff selbst ihr Verhältnis zu Rodin einer kritischen Beurteilung unterzog und die Ausschließlichkeit ihres plastischen Arbeitens relativierte. In ihrem Tagebuch vermerkt sie:

Mir fiel dieser Tage ein (. . .) wieviel mehr ich von Rodin hätte haben können und wieviel mehr ich ihm hätte sein können, wenn ich nur ein wenig näher der heutigen Verfassung und den heutigen Einsichten gewesen wäre.

Diese Hinwendung zur Malerei war keine vorübergehende Erscheinung. Clara versuchte vielmehr, ihre Kenntnisse darin zu vertiefen. Deshalb besuchte sie von 1927 bis 1929 im Winter zusammen mit ihrem Bruder Helmuth Westhoff die Malschule Arthur Segals in Berlin, in der sie insbesondere Porträts und Stilleben malte.

Der bis Anfang der dreißiger Jahre bestehende künstlerische Einfluß Arthur Segals zeigt sich in ihrem malerischen Werk in der prismatischen Auflösung der Formen. Wie Segal, verzichtete sie auf eine Formbegrenzung durch feste Konturen; der tonige, weich modellierende, impressionistische Farbauftrag läßt die Bildgegenstände vielmehr ineinander verschwimmen und verleiht ihnen eine diffuse Transparenz. Clara Rilke-Westhoff lebte in Berlin sehr zurückgezogen und konzentrierte sich ganz auf die Malerei. An Hedwig Fischer schrieb sie am 27. 12. 1928:

Ich lebe in Berlin ganz einsiedlerisch, weil ich, wie Sie wissen, noch einmal ganz ernsthaft studiere, und das läßt sich so schwer vereinigen mit allem, was man in Berlin sonst noch gerne genießen würde, so daß ich fast lebe, als wär ich gar nicht in Berlin.

Drei Jahre lang besuchte sie die Malschule in den Wintermonaten mit gleichbleibender Begeisterung:

Modersohn war hier und sah einen kleinen Teil der Winterarbeit. Ich habe dann immer das Gefühl, ich gebe einen Segal-Kurs im Kleinen, und niemand wird es ganz wieder vergessen, der einmal von diesem Trank genippt hat.

Anfang der dreißiger Jahre löste sie sich jedoch durch den Einfluß des aus Wiesbaden stammenden Malers Hans Buch, der sich in Fischerhude niederließ, vom Impressionismus Segals. Wie positiv sie den Gedankenaustausch mit Buch betrachtete, wird in einem Brief vom 30. 8. 1951 an die Bremer Künstlerhilfe deutlich:

Er hat eine so besondere Begabung, die Eigenarten und (. . .) Fähigkeiten der Kunstschaffenden zu erkennen. Das hat mich immer bei ihm gefreut, und es ist mir hilfreich und anregend gewesen. Ich bin für seine Anwesenheit in Fischerhude dankbar und für viele anregende Gespräche und seine Hilfsbereitschaft in bezug auf gute Ratschläge und sachliche Beurteilung.

Diese Anregung und Unterstützung, die sie beim Malen fand, wurden ihr als Bildhauerin nicht zuteil, da ihr in dieser Zeit ein interessierter, gleichgesinnter Gesprächspartner fehlte:

Ich habe vieles auszuarbeiten und wünsche mir oftmals jemand, der mich dabei unterstützen könnte. Aber ich sehe auch ein, daß es gerade wichtig ist – es ganz alleine zu tun und zu lernen.

Sie blieb der Malerei bis zu ihrem Tode treu. Nach dem Krieg um so mehr, da ihr das ständige Arbeiten mit nassem Ton und feuchten Tüchern in dem eisigen, nur schwer be-

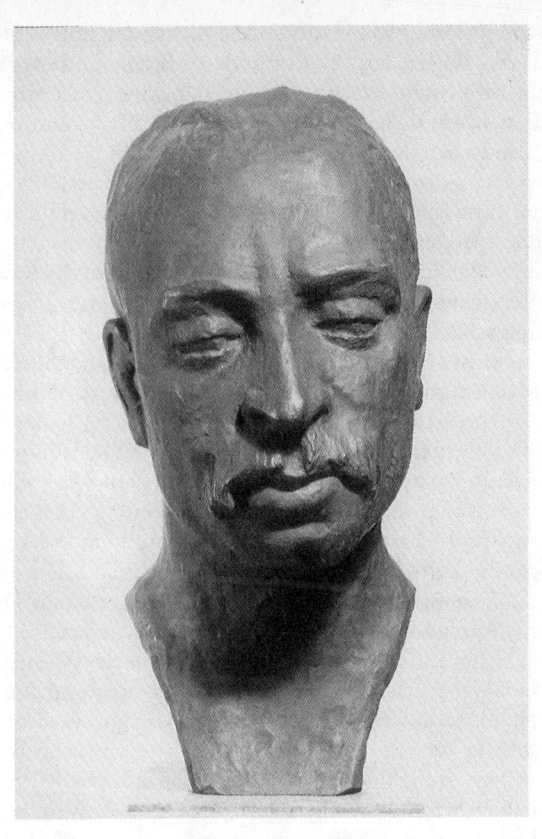

Abb. 28: Clara Rilke-Westhoff: Rainer Maria Rilke,
Bronze, 1936

heizbaren Atelier sowie die Unhandlichkeit der oft zentner-schweren Büsten aus Altersgründen wachsende Beschwerden verursachten. Neben Ölgemälden, die seit 1926 entstanden, malte sie nach dem Krieg hauptsächlich kleinformatige Landschaftsbilder in Tempera, die einen ganz eigenen, freien und gelösten Stil aufweisen. In diesen zarten, transparenten Landschaften stellte sie immer wieder Ausblicke der weiten, offenen Wümmelandschaft zu verschiedenen Jahreszeiten dar. In diese Zeit der Beschäftigung mit der Malerei fiel ihr Bekenntnis zur ›Christian Science‹, einer religiösen Gemeinschaft amerikanischen Ursprungs, die ihr Leben fortan entscheidend beeinflußte. Die ›Christian Science‹ setzte sich zum Ziel, durch meditatives Einswerden mit dem göttlichen Allwesen Leid und Krankheit zu heilen. Sie stützte sich hierbei hauptsächlich auf die Bibel, die jedoch umgedeutet wurde, sowie auf das 1875 von Mary Baker-Eddy verfaßte und mehrfach überarbeitete »Lehrbuch« ›Science and Health‹. Neben dieser Grundliteratur las Clara zudem die Zeitschrift ›The Herald of Christian Science‹, die seit 1903 monatlich in zahlreichen Sprachen erschien. Durch welche Anregungen sie erstmals zur ›Christian Science‹ kam, ist nicht bekannt. Sicherlich wurde sie von der Metaphysik dieser Glaubensrichtung angezogen, die eine ideale Diesseitigkeit lehrte, aus der alles Negative (als Irrtum) verbannt ist. Clara Rilke-Westhoff, die zeit ihres Lebens versuchte, Kunst und Alltag zu verbinden, hat wohl der pragmatische Zug der ›Christian Science‹ gelegen. Die praktische Anwendbarkeit der Lehre, die enge Verbindung von Glauben und Heilung, Glauben und Leben, entsprachen ihrem Weltverständnis. Die zeitliche Parallelität ihrer Hinwendung zur Malerei und ihrer Bekehrung zur ›Christian Science‹ finden auffälligerweise keinen Niederschlag in ihrem Œuvre. Auch ihr plastisches Schaffen erhielt durch ihr religiöses Engagement keine neuen Anstöße. Im Gegenteil: Anfang der dreißiger Jahre stellte sie das Modellieren völlig ein und lehnte sogar Aufträge ab. Erst 1936 ließ sie sich zu einem Porträt der Freundin

Irmgard Krüger überreden. Ermutigt durch die gelungene Ausführung dieses Werkes und die positive Resonanz der kunstinteressierten Öffentlichkeit, schuf sie anschließend die postume Büste Rainer Maria Rilkes, die zu ihren besten Arbeiten zählt *(Abb. 28)*. Diese Erfolge stärkten ihr Selbstvertrauen, so daß sie ihre Bildhauerei wieder aufnahm. Ausdruck dieses neuen Lebensgefühls waren ihre Reisen ins Ausland, durch die sie ihre selbstgewählte Zurückgezogenheit aufgab. Dem Rilke-Porträt folgten die ausdrucksstarke Büste des mit Clara befreundeten Dichters Rudolf Alexander Schröder und das um 1940 modellierte Porträt der Schauspielerin Annaluise Fichtner.

In Clara Rilke-Westhoffs Spätwerk von ca. 1930 bis 1954 zeigt sich ihr eigentlicher Stil, der durch den Spannungsreichtum einer lebendigen Aufrauhung der Oberfläche und einer Formverdichtung geprägt wird. Der Kompromiß zwischen der bewegten Formbehandlung sowie der psychologischen Ausdrucksdifferenzierung Rodins und der Formverfestigung Hildebrands bzw. Maillols ist generell für die in den späten siebziger und achtziger Jahren geborene Bildhauergeneration typisch und entwickelte sich inbesondere in den zwanziger Jahren zu einer nahezu verbindlichen Stilrichtung.

In der Kunstszene des Dritten Reiches spielte Clara Rilke-Westhoff keine große Rolle. Allerdings beteiligte sie sich 1937 an der ›Großen Deutschen Kunstausstellung‹ im ›Haus der Deutschen Kunst‹ in München. Diese jährliche Ausstellung gehörte seit 1937 zu den wichtigsten kulturellen Ereignissen im Dritten Reich und wurde ausführlich und intensiv in der Presse besprochen, die dabei detaillierten formalen Vorschriften und typographischen Anweisungen folgen mußte. Die Eröffnungsausstellung im neu erbauten ›Haus der Deutschen Kunst‹, dem ersten Monumentalbau des Nationalsozialismus, kam eine besondere Bedeutung zu.

Bereits Ende 1936 wurde im ›Mitteilungsblatt der

Reichskammer der Bildenden Künste‹ zur Teilnahme an diesem »Ereignis« aufgerufen und versprochen, daß bestimmte Kunstrichtungen angeblich weder bevorzugt noch ausgeschlossen würden. Im Vorwort des Ausstellungskatalogs von 1937 erläuterte der Staatskommissar und Gauleiter von München und Oberbayern, Adolf Wagner, die Voraussetzung für eine Ausstellungsbeteiligung:

Alle deutschstämmigen, im Reiche oder im Auslande lebenden Künstler waren aufgefordert, für diese Ausstellung ihre Werke zur Durchsicht nach München zu schicken. Auf diesen Aufruf wurden 25 000 Werke angemeldet, davon sind tatsächlich 15 000 eingesandt worden, und von diesen sind rund 900 Werke ausgestellt. Es ist klar, daß die einzige gesamtdeutsche Kunstausstellung – dies ist nach dem Willen des Führers jetzt und für alle Zeiten die alljährliche Ausstellung im Haus der Deutschen Kunst zu München – nur das Vollkommenste, Fertigste und Beste zeigen kann, was deutsche Kunst zu vollbringen vermag. Problematisches und Unfertiges hat jetzt und nie im Haus der Deutschen Kunst Aussicht auf Aufnahme.

Clara Rilke-Westhoffs Rilke-Büste (Abb. 28) gehörte zu den 900 ausgestellten Werken der insgesamt 15 000 eingesandten Arbeiten! Die Annahme ihres Porträts ist um so erstaunlicher, da Clara – obwohl sie mit der nationalsozialistischen Kunstauffassung nicht in Konflikt geriet – weder Porträts von Parteigrößen noch heroische Akte des neuen deutschen Menschentypus oder »volksnahe« Genrekunst schuf. Hingegen wurden einige ihrer Worpsweder Künstlerkollegen wiederentdeckt und gelangten im Dritten Reich zu neuem Ansehen, indem sie sich für die nationalsozialistische Blut-und-Boden-Ideologie propagandistisch ausnutzen ließen. Insbesondere die Kunst Fritz Mackensens, der als »Vorkämpfer gegen die Verfallserscheinungen der neuen Kunst« galt, war in der ›Großen Deutschen Kunstausstellung‹ von 1937 mit seinem Gemälde ›Gottesdienst im Moor‹ vertreten. Modersohn, dessen »lyrische Naturfreude (...) ein Erbteil germanischen Blutes« sei, wurde in der Presse des Dritten Reiches als ausgezeichneter niederdeutscher Landschaftsmaler gerühmt, dem die Worpsweder Künstlerkolonie ihren »berechtigten, weit über die Grenzen reichenden Ruhm« verdanke. Modersohn beteiligte sich an der ›Großen Deutschen Kunstausstellung‹ von 1937 mit dem Ölgemälde ›Dorfstraße in Worpswede‹.

Erstaunlicher als die Zulassung der Rilke-Büste Clara Rilke-Westhoffs zu der Münchener ›Großen Deutschen Kunstausstellung‹ ist die Tatsache, daß sogleich zwei Exemplare dieses Porträts verkauft wurden: Im November 1937 erwarb die Reichskanzlei das Rilke-Porträt, das anschließend im Führerbau in München verwahrt wurde; ein weiteres Bronze-Exemplar der Büste ging 1938 an die Berliner Nationalgalerie. Die Clara Rilke-Westhoff betreffende Literatur nimmt den Erwerb des Rilke-Porträts zwar als Faktum zur Kenntnis, unterläßt es jedoch, diesen spektakulären Ankauf durch die Reichskanzlei zu hinterfragen. Auch wenn Claras künstlerische Wertschätzung im Dritten Reich dadurch erheblich stieg, lagen diesem plötzlichen Interesse für die Rilke-Büste vorwiegend politische Motive zugrunde. Ein Indiz dafür ist die Tatsache, daß Clara zur ›Großen Deutschen Kunstausstellung‹ ursprünglich zwei Porträts einreichte, von denen jedoch nur die Rilke-Büste angenommen, das qualitativ gleichwertige Porträt von Irmgard Krüger hingegen abgelehnt und zurückgesandt wurde. Es liegt nahe, daß die Aufstellung und der Ankauf der Rilke-Büste politische Gründe hatten; dies um so mehr, als in der nationalsozialistischen Kunstpolitik nichts zufällig passierte. Bei der Ausstellung im ›Haus der Deutschen Kunst‹ im Jahre 1937 bemühte sich Hitler persönlich um die Auswahl der eingesandten Werke; so ließ er bei der Vorbesichtigung 80 (!) Arbeiten austauschen und ersetzte die Jury durch seinen Leibfotografen H. Hoffmann. Der Ankauf der Rilke-Büste ist auf den ersten Blick um so erstaunlicher, als die politische Einordnung Rainer Maria Rilkes im Nationalsozialismus ebenso widersprüchlich war wie Rilke selbst: Einerseits pflegte Rilke Umgang mit Persönlichkeiten der Münchener Räterepublik, andererseits war er ein Bewunderer Mussolinis. Rilkes Biographie war insgesamt jedoch für die Nationalsozialisten wenig brauchbar: Er betrachtete Rußland und Frankreich als Wahlheimat, schrieb russische und französische Gedichte und übersetzte Sonette aus dem Englischen und Italienischen. Auch die Thematik seiner Dichtung, wie etwa die Figur des Malte Laurids Brigge, mußte dem Weltverständnis der Nationalsozialisten äußerst zuwider sein. Als weiteres Ärgernis kam sein Eintreten für diskriminierte Randgruppen, wie seine Unterschrift einer Petition gegen die Verfolgung von Homosexuellen, hinzu. Auch Rilkes Loyalität gegenüber dem tschechoslowakischen Staat, dessen Staatsbürgerschaft er nach dem Krieg annahm, und seine Sympathie für den Staatspräsidenten der ersten tschechoslowakischen Republik, Tomáš G. Masaryk, steigerten nicht gerade Rilkes Beliebtheit bei den Nationalsozialisten. Dennoch blieben seine Beurteilung und Einordnung durch die nationalsozialistischen Medien kontrovers: Einerseits wurden Rilkes experimentelle Sprachmittel und hermetische Chiffren als Produkt einer »volksfremden« Intellektualität verurteilt. Die Zeitung ›Der SA-Mann‹ bemerkte dazu am 13. 1. 1939 recht deutlich:

Die nationalsozialistische Jugend aber und mit ihr das neue Deutschland lehnen Kulturangst, mittelalterliche Weltentsagung, internationalen Pazifismus und damit unschöpferische, kraftlose Ästhetennaturen, dekadente Verskünstler, weltfremde Stimmungsmacher, rassisch minderwertige Typen und deutschfeindliche Pazifisten und Judenfreunde wie Rainer Maria Rilke ab.

Andererseits – und dies ist aufschlußreich für das plötzliche Interesse der Nationalsozialisten an Claras Rilke-Porträt – wurde der aus Prag stammende und im Ausland wohlbekannte Rilke als Dichter deutscher Sprache gefeiert, der die sprachliche und kulturelle Zugehörigkeit der Sudetendeutschen zum Deutschen Reich verkörpern sollte. Diese Neigung für den Dichter ensprach 1937 einem vorwiegend politischen Kalkül. Die polemischen und ideologischen Angriffe gegen Rilkes Person und Werk wurden größtenteils eingestellt, statt dessen machten die tagespolitischen Erfordernisse aus Rilke einen hervorragenden Vertreter des deutschen Volkstums in der Tschechoslowakei. Die Auseinandersetzung um den Anschluß des Sudetenlandes an das Deutsche Reich hatte 1937 einen ersten Höhepunkt erreicht. Der nationalsozialistische Propagandaapparat, der die separatistische Bewegung der sudetendeutschen Partei unterstützte, lief auf Hochtouren. Innerhalb dieser Propagandaschlacht um das Sudetenland hatte auch Rilke, der als Exponent des sudetendeutschen Volkstums bereits früher gefeiert wurde, seine Funktion. Die Nationalsozialisten konnten bei dieser Aufwertung Rainer Maria Rilkes als Sudetendeutscher an völkische Traditionen der Literaturwissenschaften anknüpfen, wie sie beispielsweise der bekannte sudetendeutsche Literaturhistoriker J. Nadler vertrat:

Sinn und Inbegriff dieser Prager Kunst (. . .) das war Rainer Maria Rilke, 1875 bis 1926, der geborene Prager, Blut und Rasse des Raumes. (. . .) Rilke ist so sehr Prager, wie unter den Deutschen keiner mehr geschichtlich bezeugt ist. Und die Pyramide seiner Werke, denn hier einmal war es eine, ist bis in die Spitze aus Prager Stein gebrochen, und sie verwahrt in seiner Kammer einen Prager Priesterkönig, gleichviel welches fremde Gerät er um seine einsame Ruhe herumstellte. Prager Erlebnis und Prager Seele ist der breite Tragboden.

Der sudetendeutsche Lyriker und Schriftsteller J. Mühlberger feierte Rilke als die Verkörperung sudetendeutscher Geistigkeit:

Der einzige deutsche Dichter des Landes, auf den Prag einen maßgebenden Einfluß ausübte, ist Rainer Maria Rilke. (. . .) Wie tragende Säulen den gesamten Gehalt sudetendeutscher Geistigkeit sinnbildlich aufzeigend, ragen die beiden letzten Gedichtbücher Rilkes; das irdische Lied des Orpheus in Gestein, Wasser, Baum und Tier, Ding und Geste, und das Ringen mit dem Engel in den Duineser Elegien. (. . .) Dies ist das Schicksal des ostdeutschen Men-

schen: *nicht zu besitzen, sondern stets zu erwerben, nicht zu beru-*
hen, sondern hin und her getrieben zu sein zwischen Erde und Him-
mel (ja, Hölle und Himmel).

Der Erwerb der Rilke-Büste durch die Reichskanzlei war
somit die logische Konsequenz dieses ideologischen Rilke-
Kultes. Die deutsche Presse erwähnte den Ankauf der Büste
und deren Aufstellung im Münchener Führerbau zwar häufig, eine inhaltliche Begründung für diesen Vorgang gab sie
jedoch nicht. Die ausländische Presse hingegen nahm dies
zum Anlaß, um Hitlers Interesse an Rilke zu analysieren.
Maurice Betz, einer der bekanntesten französischen Litera-
turkritiker der deutschen zeitgenössischen Literatur, äußerte
sich in der belgischen Zeitung ›Vingtième Siècle‹ vom 17. 7.
1938 zutreffend:

Der Führer des Dritten Reichs als großer Verehrer des Dichters
Rainer Maria Rilke, das war gewiß eine Überraschung. Was also
hat den Führer am Werk dieses reinen und delikaten Dichters faszi-
nieren können, den die offiziellen Kritiker des Reichs als unbedeu-
tend und entartet eingestuft hatten? Die Erklärung für dieses Ver-
halten muß in einem außerliterarischen Bereich gesehen werden. In
Prag geboren, deutschsprachiger Dichter, tschechoslowakischer
Staatsbürger, ist Rilke doch einer von diesen Sudetendeutschen, de-
nen die deutsche Regierung seit kurzem große Beachtung schenkt.

Der Autor der belgischen ›Avant Garde‹ vom 19. 7. 1938
schloß sich dieser Argumentation an, ging jedoch noch weiter, indem er die nicht belegte Hypothese aufstellte, Hitler
habe »eine heimliche Liebe für den sanften Dichter der Einsamkeit« gehegt.

Daß sich Clara Rilke-Westhoff, trotz dieser unerwarteten
»Aufnahme« ihres Rilke-Porträts, nicht für die Kunstpolitik
des Dritten Reiches einspannen ließ, verdeutlicht ihr Besuch
bei dem verfemten Bildhauer Ernst Barlach in Güstrow, den
sie zusammen mit der Malerin Ursula Rusche-Wolters im
Jahre 1936 unternahm. Barlach wurde bereits 1932 von der
NSDAP, der SA und der HJ durch Drohbriefe, Hetzkam-
pagnen und Steinwürfe verfolgt. In der zweiten Hälfte der

dreißiger Jahre besuchte Clara auch die Bildhauerin Renée Sintenis in Berlin, die im Dritten Reich nicht aus künstlerischen, sondern aus rassistischen Gründen von den Nationalsozialisten verfemt und im Jahre 1934 als »Vierteljüdin« aus der Preußischen Akademie der Künste zu Berlin ausgeschlossen wurde. 1937 wurde ihr Selbstbildnis in Bronze in der Münchener Ausstellung ›Entartete Kunst‹ gezeigt. Trotz dieser Einzelaktionen leistete Clara Rilke-Westhoff keinen aktiven Widerstand gegen das nationalsozialistische Regime, sondern zog sich, auf ihre Religion gestützt, in die innere Emigration zurück.

Dieser Rückzug und ihre religiös-pazifistische Weltanschauung waren die Ursache für ihre Fehleinschätzung der politischen Lage, die sich vor allem in ihrer Hoffnung auf ein schnelles Ende des Krieges äußerte. Kurz nach Kriegsbeginn versuchte sie, sich an Rilkes Gedanken zum Ersten Weltkrieg zu orientieren, um daraus abzuleiten, daß die Menschheit sich positiv entwickelt habe und in ihrer Friedenssehnsucht »bestimmt ein Stück weiter als damals« sei. Sie täuschte sich jedoch fundamental über die Absichten Adolf Hitlers, in dem sie anfänglich einen gleichgesinnten Fürsprecher des Friedens sah:

In seiner Rede nach dem Polenfeldzug sagte Adolf Hitler: »Die Zusammenarbeit der Völker kann nur das Ziel eines wirklich nach dem Wohl seines Volkes ringenden Mannes sein.« Haben es die Völker gehört und gelesen – oder verklang es ungehört? Jedenfalls ist es einmal ausgesprochen worden. Und genau diese Worte standen in dem März-Herald 39 – von dem ich Ihnen einmal sprach.

Doch bereits im folgenden Jahr schienen ihre Illusionen auf ein schnelles Ende des Krieges verflogen zu sein:

In Bremen wird noch furchtbar gebaut und gebunkert – danach vermutet man noch keine schnelle Beruhigung und Beendigung.

Die Kriegsereignisse in Norddeutschland verschärften ihre Abgeschiedenheit in Fischerhude. Sie mußte ihren Verwandten und Freunden abraten, nach Fischerhude zu kommen, da sie sich in einer Art Kriegsgebiet befinden würde:

Wir sind doch hier die sogenannte Gefahrenzone – wenn die Luftangriffe auf Bremen wieder zunehmen, so ist es hier nicht viel besser als in Bremen, da wir hier viel Flak und dergleichen haben. Und wir können nicht in den Keller gehen. – Vielfach rät man uns, von hier fortzugehen. Ich selbst bin allerdings mehr für ausharren, da, wo man hingehört – aber noch jemand hier aufzunehmen mit einem Kind ist ein anderer Fall (. . .). Meine Kinder sind deshalb nicht gekommen! (. . .) Bremen wird jetzt noch viel mehr mit Militär belegt als bisher – ja man sagt, daß es ein ganz großer Durchgangspunkt für Militär werden soll und daß ganz Bremen Einquartierung bekommt. Es ist also doch so eine Art Kriegsgebiet.

Diese harten äußeren Umstände förderten ihre bereits früh erkennbare Tendenz, sich in die Innerlichkeit und ihren Glauben zurückzuziehen:

Sollte der innere Besitz und der innere Zusammenhang nicht immer deutlicher werden in einer Zeit, in der wir immer wieder vor dem Verlust einer (. . .) äußeren Bindung, eines (. . .) äußeren Zusammenhangs stehen? Ich glaube, wir können gar nicht genug dankbar sein für die innere Welt, die wir immer deutlicher erkennen.

In dieser völligen Abkapselung von der Außenwelt erlebte sie das Kriegsende in Fischerhude. Der totale Zusammenbruch Deutschlands im Jahre 1945 und die drückende Not der Nachkriegszeit führten zu Zweifeln an ihrer religiösen Überzeugung:

(. . .) und doch drückt mich das Schicksal meines lieben Vaterlandes, ja der ganzen leidenden Menschheit manchmal so, daß ich mit aller inneren Kraft meine, nicht hingelangen zu können zu dem klaren Wissen: »dein Reich ist gekommen, du bist immer gegenwärtig.«

Diese innere Verunsicherung wurde durch einige persönliche Schicksalsschläge noch verstärkt: Am 5. Dezember 1945 erlag ihr Schwiegersohn, Dr. Carl Sieber, in Weimar einem langen Leiden, und zwei Jahre später starb ihre in Kiel studierende Enkeltochter Christine, die älteste ihrer drei Enkelkinder, an den Folgen eines Verkehrsunfalls. Der Rückzug in die Innerlichkeit hatte auch Konsequenzen für ihr künstlerisches Schaffen. Es sind nur wenige private und familiäre Porträts während der Kriegszeit feststellbar. Öffentliche Bestellungen erhielt sie erst wieder nach dem Kriege. So gab die Stadt Bremen 1949 ein Relief des Bremer Architekten und Schriftstellers Fritz Schumacher in Auftrag.

Im Jahre 1948, anläßlich ihres siebzigsten Geburtstages, fand im Graphischen Kabinett in Bremen ihre erste Einzelausstellung nach dem Kriege unter dem etwas mißverständlichen Titel ›Clara Rilke-Westhoff und ihr Kreis‹ statt. Die zahlreichen Pressestimmen unterschieden sich in der Würdigung dieser Ausstellung nicht wesentlich von den Kritiken anläßlich ihres sechzigsten Geburtstages. Clara wurde als bekannte norddeutsche Größe – und Gattin des berühmten Dichters – gefeiert; eine Auseinandersetzung mit ihren Werken oder gar eine künstlerische Einordnung ihres Œuvres unterblieb.

Als Clara Rilke-Westhoff am 9. März 1954 im Alter von sechsundsiebzig Jahren starb, wurde sie in der Presse in erster Linie als »die Frau, die einmal die Gattin und Gefährtin Rainer Maria Rilkes war« gewürdigt.[13] Entsprechend ausführlich wurden in den ersten Nachrufen auch der Sommer 1900, den Rilke und Clara Westhoff vor ihrer Heirat in der Worpsweder Künstlerkolonie verbrachten, und ihre anschließende Heirat behandelt und durch zahlreiche Zitate Rilkes ausgeschmückt. Neben dieser Würdigung als Rilkes ehemalige Lebensgefährtin wurde insbesondere ihr menschliches »Vermächtnis« hervorgehoben, das zahlreiche Pressestimmen weitaus wichtiger nahmen als ihr künstlerisches Schaffen. So betonte die Presse vor allem Claras »hervorstechendste Qualität«, »ihre menschliche Güte«, und hob diese Charaktereigenschaften in Schlagzeilen wie »Ein dienendes Leben« oder »Adel, Menschlichkeit und Güte« hervor. Ihre so häufig gerühmte Zurückhaltung sowie ihr Verzicht, sich um Beachtung zu bemühen, entsprachen ganz den Rollenerwartungen, die an Frauen gestellt wurden. Deshalb nahm diese als typisch weiblich definierte und gelobte Eigenschaft Clara Rilke-Westhoffs in den ansonsten recht kurz gefaßten Nachrufen so breiten Raum ein. Auch wenn der Feuilleton-Redakteur der ›Bremer Nachrichten‹, H. Albrecht, in seinem Nachruf für Clara beispielsweise erkannte, daß ihre Bescheidenheit einer gebührenden Würdigung ihres Œuvres eher hinderlich als fördernd war, so lobte er doch gerade diese »menschliche Güte, die sie oft unverdient im Schatten der bedeutenden Persönlichkeiten stehen ließ«. Albrecht umschrieb ihre Scheu, sich der Öffentlichkeit zu stellen, verklärend als ihre »Bereitschaft, gelten zu lassen«, die er einerseits auf ihren »fraulichen Instinkt«, andererseits auf eine »tiefer wurzelnde Menschlichkeit«, ein Erbe des vergangenen Jahrhunderts, zurückführte.[14] Der Nachruf der ›Hannoverschen Allgemeinen Zeitung‹ ging so weit, bestimmt Wesenszüge Clara Rilke-Westhoffs auf ihre Rolle als Mutter zurückzuführen, indem er ihre »Unmittelbarkeit, ihre menschliche Wärme und (...) Güte« rühmte, »wie sie nur eine Mutter hat«.[15]

Neben diesen Lobeshymnen auf Claras Charakter stand ihre Schönheit zeit ihres Lebens stärker im Blickpunkt der Öffentlichkeit als ihr Œuvre. Werk und äußere Erscheinung einer Künstlerin werden im allgemeinen als Einheit betrachtet, während bei der Beurteilung der Werke eines Künstlers niemand auf die Idee käme, sein Aussehen im Zusammenhang mit seinem Œuvre zu betrachten. Dies zeigte sich insbesondere in den Clara gewidmeten Nachrufen, die sowohl ihre Jugend als auch ihr Alter immer nur unter dem Blickwinkel ihrer weiblichen Ausstrahlung sehen. So fehlte selten der Hinweis auf Rainer Maria Rilke, »der betroffen« war »von ihrer Schönheit«, oder eine ausführliche Beschreibung der hehren Gestalt der Künstlerin im Alter, die mit dem Etikett der »typisch norddeutschen Frau mit der ganzen Herbheit und Verschlossenheit dieser niederdeutschen

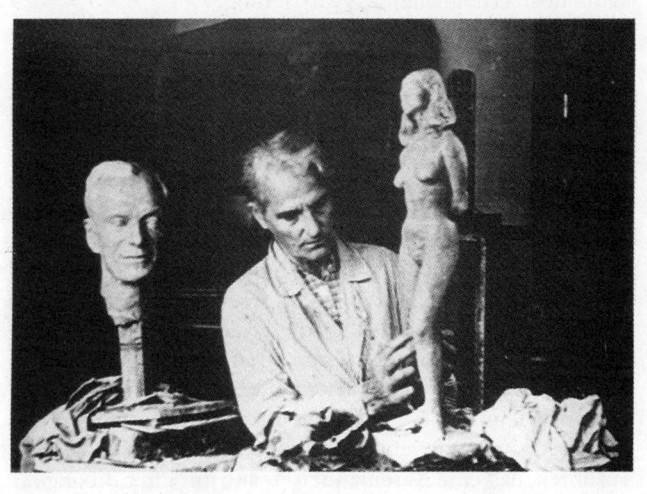

ABB. 29: CLARA RILKE-WESTHOFF IM FISCHERHUDER ATELIER,
UM 1947

Menschen« versehen wurde. Diese in der Literatur häufige Beschäftigung mit ihrer Erscheinung steigerte sich bis zur kaum noch erträglichen Mystifizierung:

Sie könnte eine ostfriesische Bauernfrau sein. Wind und Wetter oder innere Stürme haben die strengen Züge des Gesichtes gefurcht, das Haar gebleicht, aber unverändert rein leuchtet das kühne Blau der Augen unter den noch dunklen Lidern. Sie lebt das einfache Leben der Landleute (. . .). Wie der Bauer pflügt, sät, erntet und dazwischen lange, oft vergeblich wartet, so dient sie den natürlichen Gesetzen ihrer Kunst, kämpft schweigend mit dem Dämonen und empfängt, wie er, die Frucht zu ihrer Zeit aus überirdischem Bezirk.[16]

Claras markante Persönlichkeit war für zahlreiche Autoren ein willkommener Anlaß, die Erscheinung der Künstlerin in den Vordergrund zu stellen *(Abb. 29, Abb. 30)*. Die Tatsache, daß ihre Lebensdaten bereits wenige Tage nach ihrem Tode in der Presse fehlerhaft wiedergegeben wurden und ihr Œuvre nur wenig Beachtung fand, ist darauf zurückzuführen, daß eine Auseinandersetzung mit ihrer Biographie sowie eine Untersuchung ihres Œuvres nicht vorlagen. Nach ihrem Tod fanden drei Gedächtnisausstellungen statt: im Jahre 1955 im Graphischen Kabinett in Bremen anläßlich ihres ersten Todesjahres, 1963 in der Fischerhuder Galerie ›Kunstschau‹ sowie 1978 in der Worpsweder Galerie Cohrs-Zirus anläßlich Clara Rilke-Westhoffs hundertstem Geburtstag. Abgesehen von diesen Einzelausstellungen wurden nur selten einige ihrer bekanntesten Porträts ausgestellt, wie z. B. in den Jahren 1970 und 1980 anläßlich der beiden Worpswede-Ausstellungen in der Kunsthalle Bremen. Clara geriet somit seit ihrem Tode selbst im Bremer Raum zunehmend in Vergessenheit. Mit der Dissertation über Leben und Werk gelang es, Clara Rilke-Westhoff »aus dem Schatten zu holen«[17]. Das neugeweckte Interesse fand seinen Niederschlag in einer von der Verfasserin konzipierten Wanderausstellung, die von engagierten Museen in Bremen[18], Berlin[19] und Neuss[20] gezeigt wurde.

Schlußwort

Überblickt man das Œuvre der Künstlerin, so zeigt sich, daß in ihrem Frühwerk vielversprechende Ansätze eigener künstlerischer Ausdrucksformen vorhanden waren. Bereits als Anfängerin entwickelte sie, von den künstlerischen Anregungen ihrer Lehrer und Vorbilder Mackensen, Meunier, Klinger und Rodin ausgehend, eine selbständige Auffassung und stilistische Behandlung der Thematik.

Diese künstlerische Eigenständigkeit des Frühwerkes fand in Claras Biographie ihre Entsprechung. So war es für eine Frau des 19. Jahrhunderts völlig ungewöhnlich, Bildhauerin zu werden. Trotz der Vorurteile und der zahlreichen Schwierigkeiten, die Clara Rilke-Westhoff als Frau und Künstlerin in dieser den Männern vorbehaltenen Kunstgattung zu bewältigen hatte, setzte sie diesen Entschluß durch. Ihr Mut und ihr Engagement gingen so weit, daß sie im Jahre 1899/1900 allein nach Paris fuhr und eine der wenigen Schülerinnen Rodins wurde.

Erst im Laufe der Zeit machte sich in ihrem Leben und Werk eine Entwicklung von anfänglicher Rebellion zu resignativer Anpassung, von ersten Stileigentümlichkeiten zu späterem Konservatismus bemerkbar, die sicher stark durch ihre biographische und gesellschaftliche Situation beeinflußt wurde. Ihre problematische Ehe mit Rilke, die Sorgen um das Kind, die ungesicherten finanziellen Verhältnisse sowie die ständigen Bemühungen um Auftragsarbeiten forderten ihren Tribut und ließen wenig Raum für kreative Experimente. Die äußeren Hindernisse erwiesen sich jedoch als *weniger* hemmend und gefährlich als *die inneren.* Finanzielle Sorgen und Unsicherheiten belasteten Clara Rilke-Westhoffs künstlerisches Schaffen weniger als die verinnerlichten psychologischen Barrieren. Lehnte sie sich in ihrer Jugend noch gegen die engen gesellschaftlichen Grenzen auf, so akzeptierte und verinnerlichte sie mit zunehmendem Alter die bürgerlichen Wertvorstellungen über die »Natur« und die

ABB. 30: CLARA RILKE-WESTHOFF, UM 1950

Rolle der Frau in der Gesellschaft. Diese Veränderungen machten sich auch in ihren Werken bemerkbar. Clara spezialisierte sich früh auf die Gattung des Porträts, ein typisch »weibliches« Metier innerhalb der Bildhauerei. Stilistisch legte sie sich auf die Synthese einer von Rodin ausgehenden, jedoch wesentlich gemäßigteren Oberflächenbewegung und einer Formberuhigung fest. Sie hat zwar auch in ihrem Spätwerk zahlreiche überzeugende Porträts eigenen Stils, wie die Büste Rainer Maria Rilkes oder Rudolf Alexander Schröders, geschaffen, an den Veränderungen der modernen Plastik nach dem Ersten Weltkrieg hatte Clara jedoch keinen Anteil. Die nachfolgende, meist vom Expressionismus ausgehende Bildhauergeneration, wie die dem Umkreis der Berliner Novembergruppe angehörenden Bildhauer, zu deren wichtigsten Exponenten Hoetger, Emy Roeder, Garbe, Milly Steger, Belling und Mataré zählen, entwickelte neue, mit kubistischen und futuristischen Elementen angereicherte plastische Tendenzen. Diese Strömungen gingen jedoch an Clara Rilke-Westhoff vorbei.

Claras Leben weist zahlreiche Parallelen zum Leben anderer Künstlerinnen auf. Eine dieser Gemeinsamkeiten besteht darin, daß sie künstlerisch kaum hervorgetreten ist. Sie teilte das Schicksal der meisten Künstlerinnen ihrer Zeit, nach ihrem Tode bald in Vergessenheit zu geraten. Diese Interesselosigkeit gegenüber Künstlerinnen lag daran, daß sie mit denselben Bewertungsmaßstäben und Kriterien wie ihre männlichen Kollegen verglichen und beurteilt wurden, obwohl sie unter völlig anderen Voraussetzungen und Bedingungen arbeiteten. Die vorliegende Veröffentlichung versucht, dieser Tendenz entgegenzuwirken. Die abschließende Fragestellung kann deshalb nicht primär die nach der Genialität Clara Rilke-Westhoffs sein, sondern die, wie sie sich als Frau und Bildhauerin gegen alle gesellschaftlichen Diskriminierungen behaupten konnte. Claras Kunstschaffen ist, *trotz* der konservativen Tendenzen des Spätwerkes, Ausdruck einer bemerkenswerten Persönlichkeit. Sie zählte zu den wenigen deutschen Bildhauerinnen ihrer Zeit, die sich mit ihrer Bildhauerei ihren Lebensunterhalt verdienten, und ragt somit aus der breiten Masse der Künstlerinnen heraus. Als Bildhauerin ist sie deshalb eine vereinzelte Erscheinung. Gehörte sie als alleinstehende berufstätige Künstlerin bereits einer sozialen Randgruppe an, so nimmt sie innerhalb dieser Gruppe als Bildhauerin eine weitere Sonderstellung ein.

Auch wenn Clara Rilke-Westhoff Einzelausstellungen abgeneigt war, mehr im Verborgenen arbeitete und nicht schulbildend wirkte, hat sie doch als eine bedeutende Pionierin der weiblichen Bildhauerei in Deutschland zu gelten.

ANHANG

Eine vollständige Quellensammlung ist folgendem Werk der Autorin zu entnehmen:
Sauer, Marina: ›Die Bildhauerin Clara Rilke-Westhoff (1878 bis 1954)‹ – Leben und Werk – (mit Œuvre-Katalog), Bremen (Hauschild-Verlag) 1986

Abkürzungen

CRW: Clara Rilke-Westhoff
PMB: Paula Modersohn-Becker
RMR: Rainer Maria Rilke
RAG: Rilke-Archiv Gernsbach

Anmerkungen zur Biographie

1 H. Vogeler war von R. A. Schröder, A. W. Heymel und O. J. Bierbaum, den Herausgebern der Zeitschrift ›Die Insel‹, nach München gerufen worden, um dort die künstlerische Gestaltung der Zeitschrift zu übernehmen. Das erste Heft der ›Insel‹ erschien am 15. 10. 1899.

2 Um die Jahrhundertwende gehörten außer CRW (1898) Marie Bock (1898), Paula Becker (1898), Ottilie Reyländer (um 1898) sowie H. Vogeler (1894) zu Mackensens Schülern. Der hohe Anteil der Frauen in Worpswede verdeutlicht, daß die Künstlerkolonien gerade von Künstlerinnen als eine Möglichkeit der künstlerischen Weiterbildung genutzt wurden.

3 CRW, in: R. Hetsch (Hrsg.), Paula Modersohn-Becker. Ein Buch der Freundschaft, Berlin 1932, S. 42.

4 CRW, Rodin-Vortrag, o. J.; RAG. Das 26 Seiten umfassende undatierte Manuskript befindet sich im RAG, eine Abschrift davon im Privatbesitz von Frau Mehring, Hannover. Nach Mitteilung von Frau Mehring, die in den dreißiger Jahren eng mit der Künstlerin befreundet war, hielt CRW diesen Vortrag um 1938 in Bremen und Hannover im Rahmen einer Veranstaltung der Gedok (Gemeinschaft deutscher und österreichischer Künstlerinnen), einer 1926 gegründeten Vereinigung. Die Entstehungszeit des Manuskripts läßt sich nicht exakt feststellen. Auffallend ist, daß CRW darin nur wenig auf ihre eigene Lehrzeit bei Rodin eingeht. Sie beläßt ihre Person im Hintergrund und dokumentiert Rodins Persönlichkeit und Kunstauf-

fassung vornehmlich mit Hilfe von Zitaten aus Rilkes Rodin-Monographie (1903), Rilkes Briefen an CRW aus den Jahren 1902 bis 1906 sowie Rodins eigenen Veröffentlichungen.

5 CRW, in: R. Hetsch, a. a. O., S. 43.

6 Ebenda, S. 44.

7 Ebenda, S. 46.

8 W. Leppmann, Rainer Maria Rilke. Leben und Werk, Bern, München 1981, S. 179.

9 CRW, in: R. Hetsch, a. a. O., S. 48.

10 Die ehemals enge Freundschaft, die vor CRWs Heirat zwischen den beiden Künstlerinnen bestand, konnte zwar nicht wiederhergestellt werden, doch kamen sich die beiden Frauen in dieser Zeit wieder näher: »Des Morgens male ich jetzt Clara Rilke im weißen Kleid, Kopf und ein Stück Hand und eine rote Rose. Sie sieht sehr schön so aus und ich hoffe, daß ich ein wenig von ihr hineinbekomme. Neben uns spielt dann ihr kleines Mädchen, Ruth, ein kleines, molliges Menschenkind. Ich freue mich, auf diese Weise mit Clara Rilke öfter zusammenzukommen. Sie ist mir trotz allem von allen noch die liebste.« (PMB an die Mutter vom 26. 11. 1905 aus Worpswede; in: Paula Modersohn-Becker in Briefen und Tagebüchern, Hrsg. G. Husch/L. v. Reinken, Frankfurt a. M. 1979, S. 425.

11 Zit. nach A. Rannit, Gespräch mit Clara Rilke, in: Das Kunstwerk, Jg. 5, H. 4, 1951, S. 8.

12 Die im folgenden zitierten Briefe an Samuel und Hedwig Fischer (bis 1952) befinden sich in der Indiana University in Bloomington (USA).

13 Weser Kurier vom 10. 3. 1954 (Anon., Clara Rilke gestorben).

14 Bremer Nachrichten vom 10. 3. 1954 (H. Albrecht, Clara Rilke-Westhoff. Ein dienendes Leben).

15 Hannoversche Allgemeine Zeitung vom 11. 3. 1954 (R. L. [R. Lange], Adel, Menschlichkeit und Güte. Zum Tode Clara Rilke-Westhoffs).

16 SIE vom 30. 1. 1949 (G. Cleve, Die Frau des Dichters. Clara Rilke-Westhoff).

17 FAZ vom 14. 10. 1986, Nr. 238, S. 25 (A. Kuhlmann, Aus dem Schatten geholt).

18 Gerhard-Marcks-Haus, Bremen (31. 8.–26. 10. 1986).

19 Georg-Kolbe-Museum, Berlin (4. 11. 1986–18. 1. 1987).

20 Clemens-Sels-Museum, Neuss (29. 3.–31. 5. 1987).

Chronologische Übersicht der Lebensdaten
Clara Rilke-Westhoffs

1878   Geburt C. Westhoffs am 21. November in Bremen.

1895   – 1898 Besuch der privaten Malschule Fehr/Schmid-Reutte in München. Mai bis Oktober 1897 zusätzliches Studium bei B. Buttersack in Haimhausen bei München.

1898   Kurz nach Ostern Übersiedlung in die Worpsweder Künstlerkolonie, bildhauerische Ausbildung bei F. Mackensen.

1899   August bis September Studium der bildhauerischen Techniken bei M. Klinger und C. Seffner in Leipzig.

1900   Dezember 1899 bis Juni 1900 Aufenthalt in Paris. Unterricht an der Académie Julian. Häufiger Gast in Rodins Atelier in der Rue de l'Université. Unterricht am ›Institut Rodin‹. Besuch der Weltausstellung mit P. Becker, O. Modersohn und dem Künstlerehepaar Overbeck. Juni 1900 Ateliergründung in Westerwede bei Worpswede. Zusammentreffen mit C. Hauptmann und R. M. Rilke im Sommer 1900 in Worpswede.

1901   Ende Januar bis Mitte Februar Besuch bei P. Becker in Berlin, dort erneute Begegnung mit Rilke. Am 28. April Heirat mit Rilke und Übersiedlung nach Westerwede. Am 12. Dezember Geburt der Tochter Ruth.

1902   Anfang Oktober Übersiedlung nach Paris, Fortsetzung der Studien bei Rodin.

1903   Juli/August Besuch der Rilkes bei Vogeler in Worpswede. August 1903 bis Juni 1904 Aufenthalt in Italien, Bezug eines Ateliers in der Villa Strohl-Fern in Rom.

1904   Am 17. Juni Rückreise über Mailand nach Worpswede. Zwischenstation in Düsseldorf, Besuch der dortigen Kunstausstellung mit Werken Rodins und Zuluogas. Bezug eines von H. Vogeler zur Verfügung gestellten Ateliers in Worpswede. Vom 25. August bis 6. Oktober gemeinsamer Aufenthalt mit Rilke in Dänemark und Schweden. Errichtung eines Wohnateliers in Oberneuland bei Bremen.

1905   Anfang August Gast bei der Gräfin L. von Schwerin auf Schloß Friedelhausen in Hessen. Am 13. August Tod des Vaters F. Westhoff. Vom September 1905 bis Mai 1906 wird Rilke Rodins Privatsekretär. Oktober/November erneutes Studium C. Rilke-Westhoffs in Rodins Atelier.

1906 Vom 1. bis 16. August Erholungsreise der Familie Rilke nach Belgien. Vom 8. September bis 3. Oktober erneuter Aufenthalt auf Schloß Friedelhausen in Hessen. Anfang Oktober Übersiedlung nach Berlin-Halensee, Westfälische Straße 43.

1907 Vom 12. Januar bis April Aufenthalt bei der Freundin Baronin M. Knoop in Helouan bei Kairo, Ägypten. Am 19. April Ankunft in Neapel. Vom 20. April bis 16. Mai zusammen mit Rilke auf Capri. Ende Juli bis September Aufenthalt auf dem Gut der Freundin A. Jaenecke in Großburgwedel bei Hannover. Erneuter Aufenthalt in Oberneuland. 20. November Tod P. Modersohn-Beckers. Dezember Aufenthalt der Familie Rilke bei Claras Mutter in Oberneuland.

1908 Erneutes Arbeiten in Rodins Atelier; Bezug einer Wohnung in der 278, Boulevard Raspail. Ende Mai Umzug in das Hôtel Biron, Rue de Varenne, wohin auch Rilke und Rodin im September ziehen. Besuch in Maillols Atelier in Paris. Im August/September kurzer Abstecher zu A. Jaenecke nach Großburgwedel.

1909 Anfang Juni Abschiedsbesuch Rodins in Claras Atelier; Rückkehr nach Deutschland. Reise zu A. Jaenecke. September Treffen mit Rilke im Schwarzwald; Ende September Rückkehr nach Berlin. Oktober Aufenthalt in Bremen-Oberneuland. Reise zu G. Hauptmann nach Agnetendorf.

1910 Ende Januar bis April in Agnetendorf und Berlin zur Fertigstellung der Hauptmann-Büste. Vom 8. Juli bis 9. August mit Tochter Ruth und Rilke in Oberneuland.

1911 Januar Übersiedlung nach München, wohin Ruth im Frühjahr 1912 nachkommt.

1913 April 1913 Reise nach Paris, Auftrag von F. Wichert, Direktor der Mannheimer Kunsthalle, Rodin zu porträtieren. Weigerung Rodins, Porträt zu sitzen. Ende Mai Rückkehr nach München; Umzug in die Trogerstraße 50, IV.

1917 April längerer Aufenthalt in Norddeutschland; Porträtaufträge. Im Herbst und Winter Unterkunft bei der Mutter in Fischerhude; Baubeginn eines eigenen Hauses in Fischerhude (Bredenau). 17. November Tod A. Rodins.

1918 Im Sommer mehrwöchiger Aufenthalt in München.

1919 Übersiedlung nach Fischerhude; hauptsächlicher Tätigkeitsbereich in Bremen. 11. Juni Emigration Rilkes in die Schweiz.

1922 Im Sommer Reise nach Berlin.

1924 Reise nach Holland, Begegnung mit den Werken van Goghs

in Den Haag. Letztes Zusammentreffen mit Rilke im Wallis in der Schweiz.

1926 Am 29. Dezember Tod R. M. Rilkes in Val Mont.

1927 – 1929 In den Wintermonaten Besuch der Malschule A. Segals in Berlin zusammen mit ihrem Bruder H. Westhoff. In den folgenden Jahren zunehmende Beschäftigung mit der Malerei.

1930 Im März Reise nach Berlin.

1930 – 1936 Zurückgezogenes Leben in Fischerhude.

1936 Aufenthalt in Berlin; Besuch bei der Bildhauerin R. Sintenis und dem Bildhauer E. Barlach in Güstrow.

1937 13. Mai Teilnahme an einer Gedok-Tagung in Hannover. Besuch der Pariser Weltausstellung zusammen mit H. Westhoff.

1939 Reise nach Genf zur Ausstellung der Kunstschätze des Prado aus Madrid.

1941 Aufenthalt in Bremerhaven. Am 16. Juli Tod der Mutter J. Westhoff.

1941 – 1945 Während der weiteren Kriegszeit Daueraufenthalt in Fischerhude.

1952 Herausgabe der Rilke-Briefe über Cézanne.

1954 Am 9. März Tod C. Rilke-Westhoffs im Alter von sechsundsiebzig Jahren in Bremen.

Ausstellungsverzeichnis

Das Verzeichnis macht nur zeitliche und örtliche Angaben über die Ausstellungen Clara Rilke-Westhoffs. Eine detaillierte Wiedergabe der ausgestellten Werke war nicht möglich, da die Quellen oftmals zu vage und lückenhaft sind.

In das Verzeichnis aufgenommen wurden nicht nur die Ausstellungen, die zu Lebzeiten der Künstlerin stattfanden, sondern auch die postum ausgestellten Werke und Nennungen Clara Rilke-Westhoffs in allgemeinen Ausstellungen als Zeugin der Zeit und vor allem die Gedächtnisausstellungen, die ihr allein gewidmet waren.

Bremen 1899
Deutsche Kunstausstellung, Dresden 1899
Kunsthalle Bremen 1901
Internationale Kunstausstellung, Dresden 1901
Kunstsalon Richter, Dresden 1901

Kunsthalle Bremen 1902
Internationale Kunstausstellung, Bremen 1902
Galerie Commeter, Hamburg 1902
Hannover 1902
Wiener Secession 1902
Prag 1903
Permanente Ausstellung, Kunsthalle Bremen 1905
Nordwestdeutsche Kunstausstellung, Oldenburg 1905
Große Kunstausstellung, Bremen 1910
Kunsthalle Bremen 1912
Kunstsalon Heller, Wien 1912
Galerie Caspari, München 1913
Münchener Neue Secession, IV. Ausstellung, München 1918
Graphisches Kabinett, Bremen 1924
Graphisches Kabinett, Bremen 1925
Frauenschaffen des 20. Jahrhunderts, Kunsthalle (?) Bremen 1927
95. Große Kunstausstellung, Hannover 1927
Kunst und Technik, Folkwang-Museum, Essen 1928
Künstler-Bund, Bremen 1929
Graphisches Kabinett, Bremen 1932
Graphisches Kabinett, Bremen 1933
Graphisches Kabinett, Bremen 1937
Gedok-Ausstellung, Hannover 1937
Lüneburg 1937
   (organisiert von der Landesleitung Ost-Hannover) (?)
Große Deutsche Kunstausstellung. Haus der Deutschen Kunst,
   München 1937
Worpswede 1937
Graphisches Kabinett, Bremen 1938
Köpfe aus der Sammlung von Hugo und Martha Borst, Haus Son-
   nenhalde, Stuttgart 1938
Worpsweder Künstler, Philine-Vogeler-Haus, Worpswede 1938
Clara Rilke-Westhoff, Graphisches Kabinett, Bremen 1939 (Ein-
   zelausstellung anläßlich Clara Rilke-Westhoffs 60. Geburtstag)
Ausstellung in der Galerie Kunstschau, Fischerhude 1939
Weihnachtsausstellung, Graphisches Kabinett, Bremen 1940
Kunstausstellung Osthannoverscher Maler im Schloß in Celle,
   Celle 1940
Gedok-Ausstellung, Graphisches Kabinett, Bremen 1941
Ausstellung im Schloß Schönhausen bei Berlin 1942
Weihnachtsausstellung, Graphisches Kabinett, Bremen 1942
Weihnachtsausstellung, Graphisches Kabinett, Bremen 1943

Kunsthalle Bremen 1948
Clara Rilke und ihr Kreis, Graphisches Kabinett, Bremen 1948
(anläßlich Clara Rilke-Westhoffs 70. Geburtstag)
Bund bildender Künstler Norddeutschlands, Hannover 1948
Paula Modersohn-Becker, Clara Rilke-Westhoff, Galerie
Schwoon, Oldenburg 1949
Ausstellung von Staatsankäufen, Kunsthalle Bremen 1950
Ausstellung heimischer Künstler, Kunsthalle Bremen 1953/54
Clara Rilke-Westhoff zum Gedächtnis, Graphisches Kabinett, Bremen 1955
Rilke und Rodin, Akademie der Schönen Künste München und
Kunsthalle Bremen 1955
Zwölf Jahre Wiederaufbau, Kunsthalle Bremen 1957
Clara Rilke-Westhoff. Gedächtnisausstellung, Galerie Kunstschau,
Fischerhude 1963
Rudolf Alexander Schröder. Zur Erinnerung an seinen 90. Geburtstag, Kunsthalle Bremen 1968
Kunst unserer Zeit. Sammlung Wolf und Ursula Hermann, Bremen. Kunsthalle Bremen 1969
Worpswede. Aus der Frühzeit der Künstlerkolonie. Kunsthalle Bremen 1970
Heinrich-Vogeler-Gedenkausstellung, Worpswede 1972
Heinrich Vogeler. Das graphische Werk, Galerie Netzel, Worpswede 1974
Rainer Maria Rilke 1875–1975, Deutsches Literaturarchiv im
Schiller-Nationalmuseum, Marbach a. N. 1975
R. Borchardt, A. W. Heymel, R. A. Schröder, Deutsches Literaturarchiv im Schiller-Nationalmuseum, Marbach a. N. 1978
Clara Rilke-Westhoff. Plastiken, Zeichnungen, Gemälde, Galerie
Cohrs-Zirus, Worpswede 1978
Helmuth Westhoff. Aquarelle, Zeichnungen, Gemälde, Galerie
Cohrs-Zirus, Worpswede 1979
Worpswede. Galerie Netzel, Worpswede 1979
Worpswede. Eine deutsche Künstlerkolonie um 1900. Kunsthalle
Bremen 1980
Worpswede. Ausstellung im Bundeskanzleramt, Bonn 1980
Was ist Kleinplastik? – Das kleine Format in der Bildhauerkunst,
Kunsthalle Bremen 1981
Deutsche Dichterbildnisse von der Goethezeit bis zur Gegenwart,
Museum der bildenden Künste, Leibzig 1982
Die Worpsweder Malerkolonie und der Trierer Maler Hans am
Ende, Städtisches Museum, Trier 1982

Die Bildhauerin Clara Rilke-Westhoff. Große Retrospektive des plastischen und zeichnerischen Œuvres, Gerhard-Marcks-Haus, Bremen 1986

Die Dichterin Hertha Koenig, Widukind-Museum, Enger 1986

Die Bildhauerin Clara Rilke-Westhoff, Georg-Kolbe-Museum, Berlin 1986/87

Die Bildhauerin Clara Rilke-Westhoff, Clemens-Sels-Museum, Neuss 1987

Clara Rilke-Westhoff, Museum Langenargen 1988

Literaturverzeichnis (in Auswahl)

KATALOGE, Worpswede. Aus der Frühzeit der Künstlerkolonie, Kunsthalle Bremen, hrsg. v. G. Busch, Bremen 1970, Kat. Nr. 102–106

– Worpswede. Eine deutsche Künstlerkolonie um 1900, Kunsthalle Bremen, hrsg. v. G. Busch u. a., Bremen 1980, Kat. Nr. 96–101

– Clara Rilke-Westhoff. Plastiken, Zeichnungen, Gemälde, Galerie Cohrs-Zirus, Hrsg. W. Cohrs, Worpswede 1978

– Helmuth Westhoff, Aquarelle, Zeichnungen, Gemälde, Galerie Cohrs-Zirus, Hrsg. W. Cohrs, Worpswede1979

LEPPMANN W., Rainer Maria Rilke. Leben und Werk, Bern, München 1981, S. 158; 165 f.; 179; 245 f., 253; 324; 365; 381

MODERSOHN-BECKER P., Paula Modersohn-Becker in Briefen und Tagebüchern, Hrsg. G. Busch/L. v. Reinken, Frankfurt a. M. 1979

PETTIT R., Rainer Maria Rilke in und nach Worpswede, Worpswede 1983

PRATER D. A., Ein klingendes Glas. Das Leben Rainer Maria Rilkes. München, Wien 1986, S. 139–141, 161 f., 194

RANNIT A., Gespräch mit Clara Rilke; in: Das Kunstwerk, Jg. 5, H. 4, 1951, S. 7–11

RILKE R. M., Worpswede, Hrsg. H. Knackfuß, Bielefeld, Leipzig 1903 (Künstler-Monographien, Nr. 64)

– (1) Auguste Rodin, Leipzig 1903

– Briefe aus den Jahren 1902–1906, Hrsg. R. Sieber-Rilke, C. Sieber, Leipzig 1930

– (1) Briefe aus den Jahren 1906–1907, Hrsg. R. Sieber-Rilke, C. Sieber, Leipzig 1930

– Briefe und Tagebücher aus der Frühzeit: 1899–1902, Hrsg. R. Sieber-Rilke, C. Sieber, Leipzig 1931

- Briefe aus den Jahren 1907–1914, Hrsg. R. Sieber-Rilke, C. Sieber, Leipzig 1933
- Briefe aus Muzot 1921–1926, Hrsg. R. Sieber-Rilke, C. Sieber, Leipzig 1935
- Briefe aus den Jahren 1914–1921, Hrsg. R. Sieber-Rilke, C. Sieber, Leipzig 1937
- Briefe an das Ehepaar S. Fischer, Hrsg. H. Fischer, Zürich 1947
- Briefe an seinen Verleger 1906–1926, 2 Bde., Wiesbaden 1949
- Briefe, 2 Bde., 1897–1914; 1914–1926, hrsg. vom Rilke-Archiv in Weimar; in Verbindung mit R. Sieber-Rilke, besorgt durch K. Altheim, Wiesbaden 1950
- Briefe über Cézanne, Hrsg. C. Rilke-Westhoff, Wiesbaden 1952
- Rodin. Ein Vortrag. Briefe an Rodin; die Briefe Rilkes übersetzt v. O. v. Nostitz, Frankfurt a. M. 1955
- Briefe an Sidonie Nádherný v. Borutin, Hrsg. B. Blume, Frankfurt a. M. 1973
- Tagebücher aus der Frühzeit, Hrsg. R. Sieber-Rilke, C. Sieber (1942), Frankfurt a. M. 1973
- Lou Andreas-Salomé. Briefwechsel. Hrsg. E. Pfeiffer, Frankfurt a. M. 1975
- Briefe an Axel Juncker, Hrsg. R. Scharfenberg, Frankfurt a. M. 1979

RILKE-WESTHOFF C.; in: R. Hetsch (Hrsg.), Paula Modersohn-Bekker. Ein Buch der Freundschaft, Berlin 1932. S. 42–52

SALOMÉ L. A.-, Lebensrückblick, Hrsg. E. Pfeiffer, Frankfurt a. M. 1977, S. 127

SAUER M., Die Bildhauerin Clara Rilke-Westhoff (1878–1954). Leben und Werk – (Mit Œuvre-Katalog), Bremen 1986

SCHNACK I., Rilkes Leben und Werk im Bild, mit einem biographischen Essay von J. R. von Salis, Wiesbaden 1956, S. 30, 246; Kat. Nr. 241; 345
- Rainer Maria Rilke. Chronik seines Lebens und seines Werkes, 2 Bde., Frankfurt a. M. 1975
- Rainer Maria Rilke. Leben und Werk im Bild, Frankfurt a. M. 1977

SCHUMACHER F., Stufen des Lebens. Erinnerungen eines Baumeisters, Stuttgart, Berlin 1935, S. 408; Anm. 80 a

VOGELER H., Erinnerungen, Hrsg. E. Weinert, Berlin 1952, S. 59; 89; 96 ff.; 112; 145

VORDTRIEDE W., Besuch bei Clara Rilke; in: Castrum Peregrini, Nr. 129–130, Amsterdam 1973, S. 44–56

Bildnachweis